suhrkamp taschenbuch 376

Benno von Wiese, Dr. phil., Dr. h. c., geboren 1903 in Frankfurt am Main, ist Professor emeritus an der Universität Bonn. Hauptwerke: *Die deutsche Tragödie von Lessing bis Hebbel,* zuerst 2 Bände 1948, seit 1952 in einem Band; *Eduard Mörike,* 1950; *Friedrich Schiller,* 1959; *Die deutsche Novelle von Goethe bis Kafka,* 1956–1962; *Signaturen. Zu Heinrich Heine und seinem Werk,* 1976.

Sich Gedichten verweigern heißt, das Gespräch der Menschen untereinander unterbrechen wollen. Denn auch der verzweifelte und vereinsamte Dichter will noch gehört werden. Gedichte in diesem Sinne sind eine Garantie dafür, daß das menschliche Zusammenleben nicht nur von der bloßen Zweckmäßigkeit oder sogar vom bloßen Haß und Terror beherrscht wird. Jedes Gedicht, das uns nicht gleichgültig läßt, hat seine eigene, nur ihm gehörende »Wahrheit«. Sie braucht nicht immer versöhnend, sie kann sogar tödlich sein. Aber sie appelliert an jede neue Generation. Gleichgültig, wovon das Gedicht inhaltlich handelt, seine Funktion wird immer nur eine humane sein. Darum sollte es immer Gedichte geben, solange Menschen Menschen sind und menschenwürdig leben wollen.

Das Gedicht

Eine Sammlung von Benno von Wiese

Suhrkamp

Die 2. Auflage wurde um die Gedichte
Ilona Bodden, Einsamkeit, und Max Herrmann-Neiße,
Litanei der Bitternis, erweitert.

suhrkamp taschenbuch 376
Zweite Auflage, 10.–12. Tausend 1980

Quellennachweis für die einzelnen Gedichte
am Schluß des Bandes
Suhrkamp Taschenbuch Verlag

Druck: Nomos Verlagsgesellschaft, Baden-Baden
Printed in Germany
Umschlag nach Entwürfen von
Willy Fleckhaus und Rolf Staudt

Das Gedicht

Brauchen wir noch Gedichte?

Im Jahre 1929 erschien ein von Oskar Loerke an der Universität Berlin gehaltener Vortrag »Formprobleme der Lyrik«. Schon damals wurde die Klage ausgesprochen, »wie überflüssig, lästig und ohnmächtig das Gedicht heute befunden wird«. Wenn der Dichter Loerke auch wußte, daß die Wirkung eines Lyrikers nur ausnahmsweise in die Breite reicht, so hoffte er doch »auf die musische Jugend«, die »ein offenes Gehör für die Fragen und Sorgen« gerade jener Kunst haben werde, »welche man die Kunst der Jugend nennt«.

Etwa zwanzig Jahre später, am 21. August 1951, wandte sich Gottfried Benn in seiner berühmt gewordenen Rede an der Universität Marburg »Probleme der Lyrik« an ein vorwiegend studentisches Publikum. War für ihn immer noch die Lyrik eine »Kunst der Jugend«? Fast trotzig betonte er eher, Gedichte seien an niemanden gerichtet, und »das lyrische Ich« proklamiert hier in einer aristokratisch anmutenden Mischung von Snobismus und Stolz *seine* Einsamkeit. Dichter seien »Verwerter von Träumen«, die ihre Träume auf Worte bringen. Benns Vortrag gipfelt in der Forderung nach dem »absoluten Gedicht«, dem »Gedicht ohne Glauben«, dem »Gedicht ohne Hoffnung«, dem »Gedicht aus Worten«, wie sie die Dichter »faszinierend montieren«. Wer freilich einer solchen Aufforderung zum Gedicht Folge leisten will, muß nach Benn nicht nur »die Religion«, sondern auch »das Kollektiv« verlassen, um statt dessen »in unübersehbare Gefilde« zu gehen. In eben diesem Aufruf zum Wagnis lag das Verführerische, das lange Zeit von Benns Lyrik auf die nachfolgende Generation ausgegangen ist. Und selbst wenn sich heute viele, wahrscheinlich nur vorübergehend, von ihm abgewandt haben, in einem Punkt sollte man ihm zustimmen: Gedichte sind in der Tat ein Abenteuer, und die Aufforderung, sie zu lesen, bleibt eine Aufforderung zum Abenteuer.

Sechs Jahre später, 1957, erschien zum ersten Mal Theodor W. Adornos Rede über Lyrik und Gesellschaft, die, im scharfen Kontrast zu Benn, den nicht nur individuellen, sondern auch gesellschaftlichen Charakter der Lyrik betont. Adorno sieht Lyrik im Widerspruch zur Verdinglichung unserer Gesellschaft. Paradoxerweise wird jedoch für ihn diese gesellschaftliche Funktion der Lyrik gerade dort am deutlichsten, wo sie den Konflikt von Ich und Gesellschaft gar nicht so sehr zu ihrem eigenen Thema macht. Erst durch das Individuum und seine »Spontaneität hindurch« regen sich »die objektiven Kräfte, welche einen beengten und beengenden gesellschaftlichen Zustand über sich hinaustreiben zu einem menschenwürdigen hin; Kräfte also einer Gesamtverfassung, keineswegs bloß der starren Individualität, die der Gesellschaft blind opponiert«. Schließlich hat Hilde Domin in ihrer Schrift »Wozu Lyrik heute« im Jahre 1968 die Lyrik als Einladung »zu der einfachsten und schwierigsten aller Begegnungen« aufgefaßt, nämlich zu »der Begegnung mit uns selbst«. Haben wir wirklich kein Verhältnis zum Gedicht mehr, wo so leidenschaftlich für das Gedicht geworben wird? Gewiß: man wird kaum leugnen können, daß in unserer Epoche die Beziehung zum Gedicht in vielen Fällen verstellt oder gestört ist. Das gilt ebenso für junge wie für ältere Menschen. Die Lyrik wendet sich an alle Generationen, wenn auch der Zugang zu ihr in einer technokratisierten Umwelt immer schwieriger geworden ist. Das lyrische Gedicht braucht keine Rechtfertigung. Es ist da und muß durch seine eigene Existenz überzeugen. Trotzdem läßt sich die Lyrik nicht etwa von dem historischen und gesellschaftlichen Raum ablösen, in dem sie entsteht und auf den sie eine Antwort gibt und sei es auch eine noch so persönliche. Gedichte können zwar auch eine Flucht aus der Zeit sein, aber ebenso setzen sie ihre eigene Weltstunde immer schon voraus. Auch ein so individualistischer Dichter wie Benn wußte, daß der Lyriker »an allem nahe dran sein muß«, daß er sich zu orientieren habe, »wo die Welt heute hält, welche Stunde an diesem Mittag über der Erde steht«. Wer sich mit Lyrik näher einläßt, wird bald erfahren, daß sie keineswegs jenseits der Zeit steht, aber auch nicht nur aktuell ist. Das Bestürzende und Schwierige, aber auch Verführerische der Lyrik liegt eben darin, daß ihr so schwer definierbarer Ort genau zwischen Zeitlosigkeit und Aktualität zu finden ist. Lyrik kann zu allen Zeiten sprechen und hat dennoch jeweils ihre besondere Funktion für ihre jeweilige Gegenwart.

Wie aber steht es mit dem immer wieder auftauchenden Zweifel? Braucht eine unpoetische, auf rationale Praxis angewiesene Welt wie die heutige, braucht eine »gesteuerte Gesellschaft« (Hilde Domin) noch die Lyrik? Aber auch davon abgesehen gibt es große Schichten unserer Gesellschaft, die kaum eine Berührung mit dem Gedicht gehabt haben und denen erst der Zugang dazu gebahnt werden muß. Sicher kann man auch ohne Lyrik leben, und es hat immer Menschen gegeben und wird sie auch weiter geben, die meinen, sich ohne Lyrik besser, rascher und problemloser in einer verwalteten und technisierten Welt zurechtfinden zu können. Sie wollen keine geistigen Abenteuer, auch nicht das Abenteuer der Begegnung mit sich selbst. Aber leben sie nicht ärmer, eingeschränkter, beraubter? Nicht nur die Poesie, auch die Literatur überhaupt bedeutet in allen Fällen Weltergänzung, Weltverwandlung, Weltdeutung oder sogar Herstellung einer zweiten, andersartigen Welt. Das geschieht mit Hilfe der Sprache. Gerade die moderne Lyrik wendet sich wiederholt gegen unser oft schon trivial und konventionell gewordenes Verhältnis zur Sprache. Ein Dichter wie Celan sucht Sprache gleichsam noch einmal und damit auch neu zu erfinden. Auch schon Loerke sagte mit Recht: »Das poetische Wort ist nicht ein wiederkäuendes, sondern ein entdeckendes Wort.« Aber die Lyrik von heute kennt auch den anderen Weg: dann zerschlägt sie das »poetische« Wort, das ihr bereits zur unwahren Phrase geworden ist, zugunsten der Annäherung an die Prosa. Illusionslose Widerspiegelung von Wirklichkeit oder auch Kritik an dieser Wirklichkeit ist dann wichtiger geworden als der zweifelhafte Anspruch auf »Kunst«. Wo freilich dieses Streben nach »Signifikanz« ins nur Banale und Triviale abgleitet, droht das Gedicht belanglos und damit gleichgültig zu werden. Zuweilen gelingt jedoch bei solch gewollter Entzauberung, die den Willen zu einer unbarmherzigen Wahrhaftigkeit voraussetzt, eine Sprachgestaltung, die auf Umwegen die Poesie erneut entdeckt. Die paradoxe Voraussetzung dafür ist jedoch, daß eben diese »Poesie« zunächst einmal radikal in Frage gestellt werden muß. In einigen Fällen erscheint sogar nur noch das »Schweigen« als der letzte Ausweg. Aber auch dies mußte ja im Wort gesagt werden.

Solche Poesie, die die Wirklichkeit nicht mehr verklären, sondern weit eher entlarven will, ist nicht erst von heute. Sie hat längst ihre Vorgeschichte, zum mindesten seit der deutschen Aufklärung und seit Heinrich Heine. Aber diese Zerstörung der Poesie durch Poesie selbst hat ihre Grenze, die auch für diese kleine Sammlung gilt. Der Weg zum Gedicht ist immer auch ein Weg über die Form. Selbst die Zertrümmerung von überlieferten Formen bleibt nur sinnvoll, wo sich nicht nur Einfallslosigkeit und bloßes entleertes Machen dahinter verstecken, sondern neuen Möglichkeiten der Gestaltung der Weg gebahnt werden soll. Um diesen Vorrang der Form haben die großen Kenner des Gedichts immer gewußt. Form und Inhalt lassen sich beim Verständnis des Gedichtes nicht trennen. »Die Form« – so lesen wir bei Loerke – »ist das einzige Organ, mit dem sich die Lyrik ihrer Inhalte bemächtigt.« Ebenso Benn: ». . . die Form *ist* ja das Gedicht.« Auch Adorno betont, daß nur in der Durchdringung der stofflichen und der formalen Elemente das lyrische Gedicht »in seinen Grenzen den geschichtlichen Zusammenhang festhält«. Solche Einsichten sind nicht erst von heute. Bereits beim alten Goethe heißt es: »Den Stoff sieht jedermann vor sich, den Gehalt findet nur der, der etwas dazuzutun hat, und die Form ist ein Geheimnis den meisten.« Ähnliches hören wir von Eduard Mörike: »Die Form ist doch in ihrer tiefsten

Bedeutung unzertrennlich vom Gehalt, ja in ihrem Ursprung fast eins mit demselben und durchaus geistiger, höchst zarter Natur.« Mit Form ist in allen diesen Fällen nicht etwa ein Schema, eine ablösbare abstrakte Konstruktion gemeint, sondern das Gedicht selbst, von dem man sich entfernt, sobald man vergißt, daß es niemals bloß Gehalt, sondern immer auch Form ist. Das schließt freilich nicht aus, daß man Gedichte auch als »Material« für gesellschaftliche Prozesse heranziehen kann; es schließt auch nicht aus, daß Gedichte, ob nun gewollt oder ungewollt, eine nicht unerhebliche Turbulenz im gesellschaftlichen Bereich bewirken können. Was aber Gedichte ihrem Wesen nach sind, wird man nur dort erfahren können, wo das Inkommensurable der Form nicht aus den Augen verloren wird.

Diese kleine Sammlung wendet sich an alle, die Lust zu Entdeckungen aufbringen. Sie appelliert an die Spontaneität und die Kritik jedes einzelnen. Die Auswahl ist begrenzt. Sie beschränkt sich auf Gedichte, die in der Zeit von Goethe bis zu unserer Gegenwart entstanden sind. Vollständigkeit ist nirgends beabsichtigt. Viele berühmte Namen fehlen, aber es sind auch Lyriker aufgenommen, die oft nur wenig bekannt sind. Meine Absicht war keine »Blütenlese«, auch kein Kanon, der gültige Muster übermitteln will, Das Dargebotene ist stets nur ein Exempel und will in seiner beispielhaften Funktion verstanden werden. Die Auswahl ist durchaus subjektiv. Die historische Chronologie ist in der Anordnung mit Absicht zerstört. Jeder muß sich seinen eigenen persönlichen Weg mit eigenem Für und Wider zu diesen Versen suchen. Verschiedene Gedichte aus verschiedenen Zeiten stehen dicht nebeneinander, und eben damit werden die Leser zu jenem geistigen Abenteuer aufgefordert, auf dem sie das Gedicht wieder neu entdecken sollen. Vergangenes und Heutiges werden vermischt, und vielleicht stellt sich eben dabei heraus, daß manches Vergangene heute erstaunlich »neu« wirkt, manches Heutige aber auch bereits, ohne epigonal zu sein, weiterhin zum alten Wahren gehört.

Schon seit Jahrzehnten ist besonders in Deutschland durch die radikalen Umbrüche der Vorkriegs-, Kriegs- und Nachkriegszeit das Verhältnis zur eigenen Tradition entscheidend gestört worden. Das hat auch den Umgang mit Gedichten auf manche Irrwege geführt. Das Gedicht braucht den Spielraum der Freiheit. Glücklicherweise kann man niemanden zum Gedicht zwingen. Sobald die Muse kommandiert wird, hört sie auf zu singen. Ich halte nicht viel davon, daß man Gedichte, sei es mit noch so gut gemeinten, moralisierenden und erzieherischen Absichten anbietet. Über viele Jahrzehnte suchte unsere Bildungstradition die deutschen Klassiker als einen vorbildlichen Kanon zu übermitteln. Als der Bruch mit der Tradition eintrat, drohten diese lächerlich oder gar vergessen zu werden. An die Stelle des »Schönen« trat die Herstellung und Untersuchung von »Texten«, die so unpoetisch wie nur möglich sein sollten. Diese Sammlung will keines von beiden. Wer nur am Kanon der Überlieferung festhält, kann damit die Lyrik zu einem starren und fremd gewordenen Gehäuse machen. Wer nur aktuelle Texte von heute gelten läßt, übersieht dabei, daß auch diese Texte ohne den Vergleich mit früherem nicht angemessen verstanden werden können. Das Gedicht als Gedicht muß gleichgültig werden, wo man z.B. im Umgang mit ihm nur das ideologische Alibi einer bürgerlichen Klasse sieht.
Befreiung von der Tradition kann etwas Verführerisches haben, vor allem für junge Menschen. Man will das Vergangene los werden, weil es lästig geworden ist. Doch stellt sich damit noch nicht das Neue und Unerwartete ein. Es ist genau umgekehrt. Nur dort, wo wir den Mut aufbringen, auch das Vergangene neu und »spontan« zu erinnern und nicht nur als Fremdkörper weiter zu schleppen, gewinnen wir auch zum Gegenwärtigen ein lebendiges Verhältnis. Lyrik ist Tradition und Gegenwart zugleich, und eben dies ist der Weg, zu dem diese kleine Auswahl einladen möchte.
Gedichte kann man nicht »los werden«. Sie sind ja da, nicht nur die von gestern, auch die von heute, und *beide* verlangen

den Zutritt in unser oft verstörtes und gestörtes Bewußtsein. Nach Adorno sind Gedichte selber die wirksamste Ideologiekritik, weil der Rang des überdauernden Gedichtes, z. B. der von Goethes Versen »Über allen Gipfeln«, gerade darin besteht, daß solche Gedichte ihre eigene unverstellte Wahrheit besitzen, die eben damit jedes »falsche Bewußtsein« ihrerseits korrigieren. So verstanden hat das Gedicht in der Tat eine eminent soziale Funktion. Auch die Vorstellung vom Gedicht als »Lebenshilfe«, die sich allzusehr ins Therapeutische verliert, ist zu eng. Im Gedicht wendet sich das »lyrische Ich«, also ein einzelner Mensch an das Du, an den möglichen Leser oder Hörer, und das geschieht selbst dort noch, wo dieses Ich nur noch monologisiert oder sich nicht mehr als Ich zu erkennen gibt, weil es die Sprache für ein Allgemeines zu finden sucht.

Sich Gedichten verweigern heißt, das Gespräch der Menschen untereinander unterbrechen wollen. Denn auch der verzweifelte und vereinsamte Dichter will noch gehört werden. Gedichte in diesem Sinne sind eine Garantie dafür, daß das menschliche Zusammenleben nicht nur von der bloßen Zweckmäßigkeit oder sogar vom bloßen Haß und Terror beherrscht wird.

Jedes Gedicht, das uns nicht gleichgültig läßt, hat seine eigene, nur ihm gehörende »Wahrheit«. Sie braucht nicht immer versöhnend, sie kann sogar tödlich sein. Aber sie appelliert an jede neue Generation. Gleichgültig, wovon das Gedicht inhaltlich handelt, seine Funktion wird immer nur eine humane sein. Darum sollte es immer Gedichte geben, solange Menschen Menschen sind und menschenwürdig leben wollen. Da der Herausgeber dieser Sammlung entschieden die Meinung vertritt, Gedichte werden zu allen Zeiten unentbehrlich bleiben, hofft er darauf, daß auch sein eigener Versuch einer mehr paradoxen als harmonisierenden Zusammenstellung von Gedichten den Weg zu den Lesern finden wird.

Benno von Wiese

Der Dichter

Unsere Folge der Gedichte ist ein Gang durch einzelne Gruppen, die nur bestimmte Schwerpunkte der Lyrik andeuten sollen. Wir haben zentrale Erlebnisbereiche herausgegriffen. Aber dem Gedicht sind hier keine Grenzen vorgezeichnet; alles kann sein Gegenstand werden, die Kunst ebenso wie die Prosa des Alltags, der Glaube ebenso wie der Unglaube, der Fortschritt der Geschichte ebenso wie ihr Zerfall usw.

Gedichte aus unserer Vergangenheit und solche der unmittelbaren Gegenwart stehen in den einzelnen Gruppen oft im scharfen Kontrast zueinander. Vielleicht kann dem Leser dabei deutlich werden, daß jede neue Gegenwart der Lyrik etwas wegnimmt, aber auch immer wieder etwas Neues hinzufügt. Das würde noch weit mehr sichtbar, wenn man die Zeiträume sehr viel weiter spannt, als es hier möglich war.

Die Gruppen selbst betonen das Bleibende, das Überdauernde in allem Wechsel. Unsere erste Folge beginnt mit Gedichten, die motivisch das Selbstverständnis des Dichters zum Gegenstand haben. Jedoch sprengt das einzelne Gedicht nicht nur hier, sondern auch in anderen Gruppen solche vom Motiv vorgegebenen Zuordnungen. So lassen sich z. B. Sprache und Dichtung nicht trennen. Beide Bereiche sind eng benachbart. Die Reflexion des Autors über die Sprache, soweit sie im Gedicht erfolgt, ist immer auch schon eine über sein eigenes »Material«. Wo die Sprache aufhört, müßte auch die Dichtung verstummen. Das »geheime« Wort des Novalis meint noch den Schlüssel zum Geheimnis des Daseins überhaupt, jenseits von »Zahlen« und »Figuren«, wie ihn nur der Dichter besitzt, und das gleiche gilt bis zu Stefan Georges Glauben an den Vorrang des Wortes noch vor dem »Ding«. Aber bereits Friedrich Nietzsche, der in seinen Dionysos-Dithyramben 1884–1888 die entwertende und eben darin para-

doxe Formulierung »Nur Narr! Nur Dichter!« gefunden hat, ironisiert mit liebenswürdigem Spott in »Dichters Berufung« seine eigene poetische Emphase, nicht zuletzt durch den einen Zuhörer seines Monologs, den Vogel Specht, der ihm sein Dichtertum, wenn auch mit Achselzucken, immer wieder bestätigt. Inzwischen ist das Verhältnis des Dichters zum Wort noch labiler und ungesicherter geworden. Zwar ist bei Benn dem Dichter durch das Wort noch die blitzartige, geradezu erschreckende Sinngebung »im leeren Raum um Welt und Ich« vergönnt, aber bereits Bobrowski rührt an das Vergessene, dessen Rede »im Dunkel geht«, noch jenseits des vielleicht ungerechten Spieles der Sprache mit den Zeichen und Farben. Hier droht das Weltgeheimnis sich dem sprachlichen Tun des Menschen zu entziehen. Bis zum völligen Sprachverlust hat eine geschichtliche Endsituation sich in Günther Anders »Sprachelegie« niedergeschlagen.
Sprachskepsis und banales Zerreden der Sprache innerhalb einer Konsumgesellschaft mußten auch die Auffassung vom Dichter als des Schöpfers von Worten wesentlich verändern. Hölderlin durfte in seinen Versen »An die Parzen« im »gelungenen« Gedicht noch den ersehnten Höhepunkt seines Lebens sehen, zugleich auch den vorweggenommenen Abschied vom Leben. Zwiespältiger, unruhiger und sich auflehnender wird die vereinsamte Situation des Dichters innerhalb einer ihm bereits fremd gewordenen Gesellschaft bei Annette von Droste-Hülshoff vorgetragen, freilich noch im gehobenen Tonfall. Eine Lyrikerin von heute wie Hill Renée Hügelmann hält zwar an der herausgehobenen Sendung des Dichters weiter fest, dem die Bilder zu Zeichen werden und dessen »Signale« »ins Land der Zukunft« weisen, aber dieser »Dichter 1973« ist nicht mehr der gefeierte Führer der Menschheit wie im klassisch-romantischen Zeitalter, sondern »der Ausgestoßene, der Nichtgewollte«, den die Gesellschaft fort wünscht »zum Orkus zu den Toten«. Zum ebenso Feierlichen wie Bitteren dieses Gedichtes kontrastiert Peter Rühmkorfs Gedicht, das den Dichter fast wie einen Clown auf dem »Hoch-

seil« balancieren läßt; für alle anderen, die auf dem Erdboden zurückgeblieben sind, ein unbegreiflich gefährliches, ja schlechthin verrücktes Tun.

Wolfgang Bächler und gelegentlich auch Paul Celan wollen in einen Raum jenseits der Sprache ausbrechen. Volker Braun bejaht hingegen die »tödliche Wahrheit« des Dichters, auch sie freilich, am Beispiel Pablo Nerudas gesehen, im bösartigen Kontrast zur massiven physischen Lebensbedrohung. Davon war gewiß auch Brecht nicht verschont, aber das Leitbild des Gedichtes, wie es ihm vorschwebt, ist in seiner Verbindung von moralischer Kraft und stilistischer Grazie fast noch ein Nachklang unserer klassischen Epoche.

Friedrich Nietzsche
Dichters Berufung

Als ich jüngst, mich zu erquicken,
unter dunklen Bäumen sass,
hört' ich ticken, leise ticken,
zierlich, wie nach Takt und Maass.
Böse wurd' ich, zog Gesichter, –
endlich aber gab ich nach,
bis ich gar, gleich einem Dichter,
selber mit im Tiktak sprach.

Wie mir so im Verse-Machen
Silb' und Silb' ihr Hopsa sprang,
musst' ich plötzlich lachen, lachen
eine Viertelstunde lang.
Du ein Dichter? Du ein Dichter?
Steht's mit deinem Kopf so schlecht?
– »Ja, mein Herr, Sie sind ein Dichter«
achselzuckt der Vogel Specht.

Wessen harr' ich hier im Busche?
Wem doch laur' ich Räuber auf?
Ist's ein Spruch? Ein Bild? Im Husche
sitzt mein Reim ihm hintendrauf.
Was nur schlüpft und hüpft, gleich sticht der
Dichter sich's zum Vers zurecht.
– »Ja, mein Herr, Sie sind ein Dichter«
achselzuckt der Vogel Specht.

Reime, mein' ich, sind wie Pfeile?
Wie das zappelt, zittert, springt,
Wenn der Pfeil in edle Theile
des Lacerten-Leibchens dringt!
Ach ihr sterbt dran, arme Wichter,

oder taumelt wie bezecht!
– »Ja, mein Herr, Sie sind ein Dichter«
achselzuckt der Vogel Specht.

Schiefe Sprüchlein voller Eile,
trunkne Wörtlein, wie sich's drängt!
bis ihr alle, Zeil' an Zeile,
an der Tiktak-Kette hängt.
Und es giebt grausam Gelichter,
das diess – freut? Sind Dichter – schlecht?
– »Ja, mein Herr, Sie sind ein Dichter«
achselzuckt der Vogel Specht.

Höhnst du, Vogel? Willst du scherzen?
Steht's mit meinem Kopf schon schlimm,
schlimmer stünd's mit meinem Herzen?
Fürchte, fürchte meinen Grimm! –
Doch der Dichter – Reime flicht er
selbst im Grimm noch schlecht und recht.
– »Ja, mein Herr, Sie sind ein Dichter«
achselzuckt der Vogel Specht.

Friedrich von Hardenberg (Novalis)
Wenn nicht mehr Zahlen und Figuren

Wenn nicht mehr Zahlen und Figuren
Sind Schlüssel aller Kreaturen,
Wenn die, so singen oder küssen
Mehr als die Tiefgelehrten wissen
Wenn sich die Welt ins freie Leben
Und in die Welt wird zurückbegeben,
Wenn dann sich wieder Licht und Schatten
Zu echter Klarheit wieder gatten
Und man in Märchen und Gedichten
Erkennt die wahren Weltgeschichten,
Dann fliegt vor *einem* geheimen Wort
Das ganze verkehrte Wesen fort.

Günther Anders
Sprachelegie

Verwüstet liegt das gute Land der Sprache.
Und Sätze ragen, kahl und abgelaubt,
das Nichts in ihren Ästen. Redensarten
stehn schräg im Raum, die Wurzeln in der Luft.
Und Worte, wo du hintrittst: angeschlagen
und eingebeult. Und die vergnügtesten,
die gestern noch mit Pfeifen und Trompeten
durchs Land gezogen . . . und die stillen, die
verschämt und innig das Gewesene
noch rückgetönt – sie alle liegen wüst
und unverscharrt und unbeweint im Feld.
Und nur ein kleiner Trupp von völlig nackten
und stämmigen Vokabeln kehrt zuletzt
nach Haus zurück. Und hinter ihrem Schritt
steigt hoch der Staub und löscht die Landschaft aus.

Gottfried Benn
Ein Wort

Ein Wort, ein Satz –: Aus Chriffren steigen
erkanntes Leben, jäher Sinn,
die Sonne steht, die Sphären schweigen
und alles ballt sich zu ihm hin.

Ein Wort – ein Glanz, ein Flug, ein Feuer,
ein Flammenwurf, ein Sternenstrich –
und wieder Dunkel, ungeheuer,
im leeren Raum um Welt und Ich.

Stefan George
Das Wort

Wunder von ferne oder traum
Bracht ich an meines landes saum

Und harrte bis die graue norn
Den Namen fand in ihrem born –

Drauf konnt ichs greifen dicht und stark
Nun blüht und glänzt es durch die mark . . .

Einst langt ich an nach guter fahrt
Mit einem kleinod reich und zart

Sie suchte lang und gab mir kund:
›So schläft hier nichts auf tiefem grund‹

Worauf es meiner hand entrann
Und nie mein land den schatz gewann . . .

So lernt ich traurig den verzicht:
Kein ding sei wo das Wort gebricht.

Johannes Bobrowski
Immer zu benennen

Immer zu benennen:
den Baum, den Vogel im Flug,
den rötlichen Fels, wo der Strom
zieht, grün, und den Fisch
im weißen Rauch, wenn es dunkelt
über die Wälder herab.

Zeichen, Farben, es ist
ein Spiel, ich bin bedenklich,
es möchte nicht enden
gerecht.

Und wer lehrt mich,
was ich vergaß: der Steine
Schlaf, den Schlaf
der Vögel im Flug, der Bäume
Schlaf, im Dunkel
geht ihre Rede – ?

Wär da ein Gott
und im Fleisch,
und könnte mich rufen, ich würd
umhergehn, ich würd
warten ein wenig.

Wolfgang Bächler
Ausbrechen

Ausbrechen
aus den Wortzäunen,
den Satzketten,
den Punktsystemen,
den Einklammerungen,
den Rahmen der Selbstbespiegelungen,
den Beistrichen, den Gedankenstrichen
– um die ausweichenden, aufweichenden
Gedankenlosigkeiten gesetzt –
Ausbrechen
in die Freiheit des Schweigens.

STEHEN, im Schatten
des Wundenmals in der Luft.

Für-niemand-und-nichts-Stehn.
Unerkannt,
für dich
allein.

Mit allem, was darin Raum hat,
auch ohne
Sprache.

Annette von Droste-Hülshoff
Der Dichter – Dichters Glück

1.

Die ihr beim frohen Mahle lacht,
Euch eure Blumen zieht in Scherben
Und, was an Gold euch zugedacht,
Euch wohlbehaglich laßt vererben,
Ihr starrt dem Dichter ins Gesicht,
Verwundert, daß er Rosen bricht
Von Disteln, aus dem Quell der Augen
Korall und Perle weiß zu saugen;

Daß er den Blitz herniederlangt,
Um seine Fackel zu entzünden,
Im Wettertoben, wenn euch bangt,
Den rechten Odem weiß zu finden:
Ihr starrt ihn an mit halbem Neid,
Den Geisteskrösus seiner Zeit,
Und wißt es nicht, mit welchen Qualen
Er seine Schätze muß bezahlen.

Wißt nicht, daß ihn, Verdammten gleich,
Nur rinnend Feuer kann ernähren,
Nur der durchstürmten Wolke Reich
Den Lebensodem kann gewähren;
Daß, wo das Haupt ihr sinnend hängt,
Sich blutig ihm die Träne drängt,
Nur in des schärfsten Dornes Spalten
Sich seine Blume kann entfalten.

Meint ihr, das Wetter zünde nicht?
Meint ihr, der Sturm erschüttre nicht?
Meint ihr, die Träne brenne nicht?
Meint ihr, die Dornen stechen nicht?

Ja, eine Lamp hat er entfacht,
Die nur das Mark ihm sieden macht;
Ja, Perlen fischt er und Juwele,
Die kosten nichts – als seine Seele.

2.

Locke nicht, du Strahl aus der Höh;
Noch lebt des Prometheus Geier.
Stille, still du leuchtender See;
Noch wachen die Ungeheuer
Über deines Hortes kristallnem Schrein.
Senk die Hand, mein fürstlicher Zecher!
Dort drunten bleicht das morsche Gebein
Des, der getaucht nach dem Becher.

Und du flatternder Fadenstrauß,
Du der Distel mystische Rose,
Strecke nicht deine Fäden aus
Mich umschlingend so lind und lose!
Flüstern oft hör ich dein Würmlein klein,
Das dir heilend im Schoß mag weilen.
Ach, muß ich denn die Rose sein,
Die zernagte, um andre zu heilen?

Hill Renée Hügelmann
Dichter 1973

Er ist der Ausgestoßene
der nicht Gewollte
sein Antlitz
strömend immer noch von Bildern
ist hart gerufen
einwärts sich zu halten
und nicht zu zeigen
daß ein Blatt, ein Krug
ein fernes Sternbild
einer Säule Trümmer
ja eines Steines winzig kleines Blinken
noch immer Zeichen sind
von denen eins genügt
den Geist in Perspektiven hinzureißen
an denen Tag und Ziele
zu Phantomen werden –

er ist der Ausgestoßene
der nicht Erwünschte
Er, der im Lärme stört
mit seiner Stille
mit den Gehegen seiner wilden Trauer
in denen bittere Vögel kunstvoll nisten
und großen Anspruch haben auf Gesang
der auch zustande kommt
doch Tönung eher ist
als voller Klang
durchdachte Segmentierung, Kantilene
sublim noch hie und da –
dann wieder ists
wie Stimme einer Geige
die Cluster zaubert, unerhört gebrochene

dann eine Insel
in gewesenem Licht
Signale hoch hinaus ins Land der Zukunft
dann wieder unbestimmt
wie Licht aus Spiegeln
ein Spiel nur
zwischen Steg und Saitenhalter –

ein Klopfen auf den Corpus auch
um in dem Bild der Geige zu verbleiben
die große Fülle darf darunter schlafen
und wird nur angetippt
nur zaghaft aufgerufen
als wüßte einer
um die ungenutzte Kraft
die Katarakten gleich
sich Atem schaffen könnte
in unbetretene Räume auszubrechen –

er ist der Ausgestoßene
der nicht Gewollte
man fürchtet sein verschwiegenes Gesicht
und denkt an Krater
die – noch eben ruhig –
urplötzlich Feuer spein –

man wünscht ihn fort
zum Orkus
zu den Toten – –

Peter Rühmkorf
Hochseil

Wir turnen in höchsten Höhen herum,
selbstredend und selbstreimend,
von einem *Individuum*
aus nichts als Worten träumend.

Was uns bewegt – warum? wozu? –
den Teppich zu verlassen?
Ein nie erforschtes Who-is-who
im Sturzflug zu erfassen.

Wer von so hoch zu Boden blickt,
der sieht nur Verarmtes/Verirrtes.
Ich sage: wer Lyrik schreibt, ist verrückt,
wer sie für wahr nimmt, wird es.

Ich spiel mit meinem Astralleib Klavier,
vierfüßig – vierzigzehig –
Ganz unten am Boden gelten wir
für nicht mehr ganz zurechnungsfähig.

Die Loreley entblößt ihr Haar
am umgekippten Rheine . . .
Ich schwebe graziös in Lebensgefahr
grad zwischen Freund Hein und Freund Heine.

Friedrich Hölderlin
An die Parzen

Nur Einen Sommer gönnt, ihr Gewaltigen!
Und einen Herbst zu reifem Gesange mir,
Daß williger mein Herz, vom süßen
Spiele gesättigt, dann mir sterbe.

Die Seele, der im Leben ihr göttlich Recht
Nicht ward, sie ruht auch drunten im Orkus nicht;
Doch ist mir einst das Heil'ge, das am
Herzen mir liegt, das Gedicht gelungen,

Willkommen dann, o Stille der Schattenwelt!
Zufrieden bin ich, wenn auch mein Saitenspiel
Mich nicht hinab geleitet; Einmal
Lebt ich, wie Götter, und mehr bedarfs nicht.

Volker Braun
Letzter Aufenthalt auf Erden
(für Pablo Neruda)

An seinen laubigen Zaun, in der Dunkelheit
Klammern sich Kraken, fallend aus Tanks
Auf seinen Treppen hocken, schwitzend vor Dummheit
Die geheimen Schaben der öffentlichen Ordnung
An den Telefonkabeln wie wuchernder Rotz
Die Ohrmuscheln der Miliz, unter seinen Bäumen
Die Gewehre im Anschlag, warten Kadaver
Unsterblich in ihrer Schande, in spanischer Angst:
Aber in seinem umzingelten Zimmer der Dichter
Sagt, das ist sicher wie nie sein verbrennendes
Leben mehr, die tödliche Wahrheit.

Bertolt Brecht
Auf einen chinesischen Theewurzellöwen

Die Schlechten fürchten deine Klaue.
Die Guten freuen sich deiner Grazie.
Derlei
Hörte ich gern
Von meinem Vers.

Die Liebe

Unsere zweite Gruppe setzt mit dem vielleicht häufigsten Motiv aller Lyrik ein. Auch hier gibt es übergreifende Zusammenhänge. Ein Gedicht über den Tod, das der Leser erst in unserer letzten Gruppe finden wird, wie Liliencrons Verse »Einer Toten«, ist durchaus auch ein Liebesgedicht. So können, um ein anderes Beispiel zu nennen, auch Landschaft und Liebe miteinander verschmelzen wie bei Bobrowski. Wo sich das einzelne Gedicht auf bestimmte Grunderfahrungen konzentriert, brauchen andere nicht zu fehlen, sondern können mitschwingen oder indirekt darin enthalten sein. Selbst, wenn ein Thema leitmotivisch deutlich herausgehoben wird, bleibt der Spielraum für die Lyrik unbegrenzt. Nur die Form gibt dem Gedicht seine Einheit, nicht der Gegenstand, über den es spricht. Dennoch gibt es Motive, die bestimmte Grunderfahrungen und Erlebnisbereiche des Menschen spiegeln, und diese sind in allen geschichtlichen Epochen zu finden. Liebe ist immer ein legitimer Gegenstand des Gedichtes und wird es auch künftig bleiben, gewiß zunächst ein Vorrecht des Anfanges und damit der Jugend, aber doch nicht nur.
Zur Liebe gehört das Glück des erfüllten Augenblickes, freilich auch das Wissen um seine Vergänglichkeit. Zuweilen steckt im Liebesgedicht wie in Benns kunstvollen Versen »Bitte wo – «, die etwas von einem Gitter an sich haben, ein Stück Verzweiflung. Zuweilen nimmt das Liebesgedicht auch schon den möglichen sozialen Konflikt vorweg wie bei Bürger und Lenz. Das schmerzliche »Lebe wohl« gab es schon bei Chamisso und nicht erst bei Kästner. Vom »Bitteren« der Liebe spricht bereits Rückert in einem Sonett, das virtuos mit der Sprache selbst zu spielen versteht, bringt aber trotzdem in der letzten Zeile als paradoxe Pointe die Umkehr ins »Süße«. Bei einer jungen Lyrikerin von heute, Karin Kiwus, schlägt umgekehrt eine zunächst eher poetische Stimmung in provo-

zierende, auch sprachliche Entzauberung um. Aus der Liebe ist ihre Verneinung geworden. Den bitteren Ton im Liebesgedicht bevorzugt auch Elisabeth Borchers. Dennoch bleibt ihre Warnung vor der Liebe nur ein »utopischer« Rat. Trotz aller skeptischen Vorbehalte überdauert auch das positiv gemeinte Liebesgedicht die Zeiten. Die Seligkeit des Geliebtwerdens und des Selberliebens kennt sowohl der junge Goethe wie der späte Brecht, wenn dieser auch nicht mehr auf einem Pferde zur Geliebten reitet wie jener zu Friederike von Straßburg nach Sesenheim. Die Liebe wird hier indirekt im Rollengedicht ausgesprochen, wo die Sprecherin ein junges Mädchen ist. Das wiederum finden wir bereits bei Mörike, der die Rolle des verliebten Jägers und sein Selbstgespräch auf humoristische, leicht ironische Weise durchspielt. Wenn Heinrich von Kleist die Liebe im ganz verdichteten, verknappten Monolog eines jungen Mädchens festhält, so stellt sie Bobrowski mitten in die Landschaft hinein und gibt ihr zugleich die Patina einer jüdischen Idylle.

Bertolt Brecht
Als ich nachher von dir ging

Als ich nachher von dir ging
An dem großen Heute
Sah ich, als ich sehn anfing
Lauter lustige Leute.

Und seit jener Abendstund
Weißt schon, die ich meine
Hab ich einen schönern Mund
Und geschicktere Beine.

Grüner ist, seit ich so fühl
Baum und Strauch und Wiese
Und das Wasser schöner kühl
Wenn ich's auf mich gieße.

Heinrich von Kleist
Mädchenrätsel

Träumt er zur Erde, wen,
Sagt mir, wen meint er?
Schwillt ihm die Träne, was,
Götter, was weint er?
Bebt er, ihr Schwestern, was,
Redet, erschrickt ihn?
Jauchzt er, o Himmel, was
Ist's, was beglückt ihn?

Jakob Michael Reinhold Lenz
Ein Mädele jung

Ein Mädele jung ein Würfel ist,
Wohl auf den Tisch gelegen:
Das kleine Rösel aus Hennegau
Wird bald zu Gottes Tisch gehen.

Was lächelst so froh mein liebes Kind,
Dein Kreuz wird dir'n schon kommen.
Wenn's heißt, das Rösel aus Hennegau
Hab nun einen Mann genommen.

O Kindlein mein, wie tut's mir so weh,
Wie dir dein Äugelein lachen,
Und wenn ich die tausend Tränlein seh,
Die werden dein Bäckelein waschen.

Johann Wolfgang Goethe
Willkommen und Abschied

Es schlug mein Herz, geschwind zu Pferde!
Es war getan fast eh gedacht.
Der Abend wiegte schon die Erde,
Und an den Bergen hing die Nacht;
Schon stand im Nebelkleid die Eiche,
Ein aufgetürmter Riese, da,
Wo Finsternis aus dem Gesträuche
Mit hundert schwarzen Augen sah.

Der Mond von einem Wolkenhügel
Sah kläglich aus dem Duft hervor,
Die Winde schwangen leise Flügel,
Umsausten schauerlich mein Ohr;
Die Nacht schuf tausend Ungeheuer,
Doch frisch und fröhlich war mein Mut:
In meinen Adern welches Feuer!
In meinem Herzen welche Glut!

Dich sah ich, und die milde Freude
Floß von dem süßen Blick auf mich;
Ganz war mein Herz an deiner Seite
Und jeder Atemzug für dich.
Ein rosenfarbnes Frühlingswetter
Umgab das liebliche Gesicht,
Und Zärtlichkeit für mich – ihr Götter!
Ich hofft es, ich verdient es nicht!

Doch ach, schon mit der Morgensonne
Verengt der Abschied mir das Herz:
In deinen Küssen welche Wonne!
In deinem Auge welcher Schmerz!
Ich ging, du standst und sahst zur Erden

Und sahst mir nach mit nassem Blick:
Und doch, welch Glück, geliebt zu werden!
Und lieben, Götter, welch ein Glück!

Gottfried Benn
Bitte wo –

Wenn du noch Sehnsucht hättest
(bitte wann, bitte wo),
dich noch mit Küssen kettest
(amour – bel oiseau),

wenn du noch flügelrauschend
über den Anden schwebst
dich in zwei Meere tauschend
ahnungslos, wen du lebst,

wenn noch die Qualen sprechen,
Tränen durch bel oiseau
dich stürzen und zerbrechen –
bitte wann – bitte wo? –

Adelbert von Chamisso
Lebe wohl

Wer sollte fragen, wie's geschah?
Es geht auch andern ebenso.
Ich freute mich, als ich dich sah,
Du warst, als du mich sahst, auch froh.

Der erste Gruß, den ich dir bot,
Macht' uns auf einmal beide reich;
Du wurdest, als ich kam, so rot,
Du wurdest, als ich ging, so bleich.

Nun kam ich auch Tag aus, Tag ein,
Es ging uns beiden durch den Sinn;
Bei Regen und bei Sonnenschein
Schwand bald der Sommer uns dahin.

Wir haben uns die Hand gedrückt,
Um nichts gelacht, um nichts geweint,
Gequält einander und beglückt
Und haben's redlich auch gemeint.

Dann kam der Herbst, der Winter gar,
Die Schwalbe zog nach altem Brauch,
Und: lieben? – lieben immerdar?
Es wurde kalt, es fror uns auch.

Ich werde gehn ins fremde Land,
Du sagst mir höflich: Lebe wohl!
Ich küsse höflich dir die Hand,
Und nun ist alles, wie es soll.

Erich Kästner
Sachliche Romanze

Als sie einander acht Jahre kannten
(Und man darf sagen: sie kannten sich gut),
Kam ihre Liebe plötzlich abhanden.
Wie andern Leuten ein Stock oder Hut.

Sie waren traurig, betrugen sich heiter,
Versuchten Küsse, als ob nichts sei,
Und sahen sich an und wußten nicht weiter.
Da weinte sie schließlich. Und er stand dabei.

Vom Fenster aus konnte man Schiffen winken.
Er sagte, es wäre schon Viertel nach vier
Und Zeit, irgendwo Kaffee zu trinken.
Nebenan übte ein Mensch Klavier.

Sie gingen ins kleinste Café am Ort
Und rührten in ihren Tassen.
Am Abend saßen sie immer noch dort.
Sie saßen allein, und sie sprachen kein Wort
Und konnten es einfach nicht fassen.

Friedrich Rückert
Amaryllis

Amara, bittre, was du thust, ist bitter,
Wie du die Füße rührst, die Arme lenkest,
Wie du die Augen hebst, wie du sie senkest,
Die Lippen aufthust oder zu, ist's bitter.

Ein jeder Gruß ist, den du schenkest, bitter,
Bitter ein jeder Kuß, den du nicht schenkest,
Bitter ist, was du sprichst und was du denkest,
Und was du hast, und was du bist, ist bitter.

Voraus kommt eine Bitterkeit gegangen,
Zwo Bitterkeiten gehn dir zu den Seiten,
Und eine folgt den Spuren deiner Füße.

O du mit Bitterkeiten rings umfangen,
Wer dächte, daß mit all den Bitterkeiten
Du doch mir bist im innern Kern so süße.

Karin Kiwus
Im ersten Licht

Wenn wir uns gedankenlos getrunken haben
  aus einem langen Sommerabend
    in eine kurze heiße Nacht
wenn die Vögel dann früh
  davonjagen aus gedämpften Färbungen
in den hellen tönenden frischgespannten Himmel

wenn ich dann über mir in den Lüften
weit und feierlich mich dehne
in den mächtigen Armen meiner Toccata

wenn du dann neben mir im Bett
deinen ausladenden Klangkörper bewegst
dich dumpf aufrichtest und zur Tür gehst

und wenn ich dann im ersten Licht
  deinen fetten Arsch sehe
    deinen Arsch
                        verstehst du
  deinen trüben verstimmten ausgeleierten Arsch
dann weiß ich wieder
    daß ich dich nicht liebe
                                    wirklich
      daß ich dich einfach nicht liebe

Elisabeth Borchers
Utopischer Rat

Zehn Jahre, sagt sie.
Ich rate ab, sage ich.
Laß ihn sausen,
was sind schon zehn Jahre.

Sieh doch, wie er
dich ansieht.
Mit kleinem Auge
sucht er, was nützlich
sein könnte an dir
und macht es entzwei.

Gib's ihm.
Gib's ihm nicht mehr
und auch nicht bei Tag.

Laß ihn,
wenn es anfängt zu dunkeln.
Dann merken es nicht
die Nachbarn
und auch nicht die Kinder.

Gottfried August Bürger
An die Menschengesichter

Ich habe was Liebes, das hab ich zu lieb;
Was kann ich, was kann ich dafür?
Drum sind mir die Menschengesichter nicht hold:
Doch spinn ich ja leider nicht Seide noch Gold,
Ich spinne nur Herzeleid mir.

Auch mich hat was Liebes im Herzen zu lieb;
Was kann es fürs liebende Herz?
Auch ihm sind die Menschengesichter nicht hold:
Doch spinnt es ja leider nicht Seide noch Gold,
Es spinnt sich nur Elend und Schmerz.

Wir seufzen und sehnen, wir schmachten uns nach,
Wir sehnen und seufzen uns krank.
Die Menschengesichter verargen uns das:
Sie reden, sie tun uns bald dies und bald das,
Und schmieden uns Fessel und Zwang.

Wenn ihr für die Leiden der Liebe was könnt,
Gesichter, so gönnen wir's euch.
Wenn wir es nicht können, so irr es euch nicht!
Wir können, ach leider! wir können es nicht,
Nicht für das Mogolische Reich!

Wir irren und quälen euch andre ja nicht;
Wir quälen ja uns nur allein.
Drum, Menschengesichter, wir bitten euch sehr,
Drum laßt uns gewähren, und quält uns nicht mehr,
O laßt uns gewähren allein!

Was drängt ihr euch um die Kranken herum,
Und scheltet und schnarchet sie an?

Von Schelten und Schnarchen genesen sie nicht.
Man liebet ja Tugend, man übet ja Pflicht:
Doch keiner tut mehr, als er kann.

Die Sonne, sie leuchtet; sie schattet, die Nacht;
Hinab will der Bach, nicht hinan;
Der Sommerwind trocknet; der Regen macht naß:
Das Feuer verbrennet. – Wie hindert ihr das? –
O laßt es gewähren, wie's kann!

Es hungert den Hunger, es dürstet den Durst;
Sie sterben von Nahrung entfernt.
Naturgang wendet kein Aber und Wenn. –
O Menschengesichter, wie zwinget ihr's denn,
Daß Liebe zu lieben verlernt?

Eduard Mörike
Der Jäger

Drei Tage Regen fort und fort,
Kein Sonnenschein zur Stunde;
Drei Tage lang kein gutes Wort
Aus meiner Liebsten Munde!

Sie trutzt mit mir und ich mit ihr,
So hat sie's haben wollen;
Mir aber nagt's am Herzen hier,
Das Schmollen und das Grollen.

Willkommen denn, des Jägers Lust,
Gewittersturm und Regen!
Fest zugeknöpft die heiße Brust
Und jauchzend euch entgegen!

Nun sitzt sie wohl daheim und lacht
Und scherzt mit den Geschwistern;
Ich höre in des Waldes Nacht
Die alten Blätter flüstern.

Nun sitzt sie wohl und weinet laut
Im Kämmerlein, in Sorgen;
Mir ist es wie dem Wilde traut,
In Finsternis geborgen.

Kein Hirsch und Rehlein überall!
Ein Schuß zum Zeitvertreibe!
Gesunder Knall und Widerhall
Erfrischt das Mark im Leibe. –

Doch wie der Donner nun verhallt
In Tälern, durch die Runde,
Ein plötzlich Weh mich überwallt,
Mir sinkt das Herz zu Grunde.

Sie trutzt mit mir und ich mit ihr,
So hat sie's haben wollen;
Mir aber frißt's am Herzen hier,
Das Schmollen und das Grollen.

Und auf! und nach der Liebsten Haus!
Und sie gefaßt ums Mieder!
»Drück mir die nassen Locken aus
Und küß und hab mich wieder!«

Johannes Bobrowski
Wagenfahrt

Schöner Mond von Mariampol! Auf deinem
strohernen Rand, mein Städtchen,
hinter den Buden
kommt er herauf,
schwer, und hängt ein wenig
nach unten durch. So geht der
Pferdehändler, er kauft
seiner Mutter ein Fransentuch.

Abends
spät
sangen die beiden. Wir fuhren
über den Fluß nach Haus,
an der Fähre mit Ruf und Zuruf
ging Gerede wie Wasser
leicht – und wir hörten ihn lang
über der Stadt,
droben in Türmen, hörten
den jüdischen Mond. Der ist
wie im Gartenwinkel das kleine
Kraut aus Tränen und Küssen,
Raute, unsere Mädchen
brechen es ab.

Joneleit, komm, verlier dein
Tuch nicht. Die Alten schlafen.
Ausgesungen wieder
ist eine Nacht.

Das Leben

Liebe wurzelt im intensiven Augenblick und seiner Unwiederholbarkeit. Unsere zweite Gruppe bietet dazu den Kontrast: das Leben als Ganzes, seine Stufen, seine Wandlungen, seinen schicksalhaften Gang, seine Deutung. Solche Lyrik ist weit mehr auf das Allgemeine gerichtet, so, wie es vom Einzelmenschen, vom lyrischen Ich erlebt wird. Daher sind diese Gedichte auch oft reflektierter und sublimer. Die im Liebesgedicht mögliche Naivität und Unmittelbarkeit findet man hier nicht mehr. Es erfordert eine hohe Kunst der Verdichtung, die epische Breite des vorweggenommenen oder auch schon gelebten Lebens in die meist knappe Form des Gedichtes hineinzunehmen. Der alte Goethe beherrschte sie souverän in seinem »Lebenslied« – so hat er es selber genannt – »Um Mitternacht«. Die im gleichen Jahr entstandenen Verse »Urworte. Orphisch« erreichen einen noch höheren Grad von allgemeiner, gültiger Aussage über den Lebensprozeß als solchen. Dieses Gedicht in Stanzen nähert sich bereits der Spruchdichtung. Wieviel »Welt« der lyrische Dichter von sich aus in sein Gedicht einläßt, bleibt seine eigene, keiner Regel unterworfene Entscheidung. Schillers Gedicht »Resignation« ist das Gedicht eines jungen Menschen, aber dabei beherrscht von einer geistigen Lebensproblematik, die das gesamte Dasein auf die scharfe Antithese von Genießen und Glauben bringt. Wenn Hölderlin den »Lebenslauf« noch unter die gefährliche und gefährdende Führung durch die himmlischen Meister stellen konnte, so hat sich von Kästner bis zu Enzensberger der Aspekt völlig ins Prosaische verschoben: bei Kästner noch mit humoristischer Skepsis, bei Enzensberger als bittere, noch stärker gesellschaftliche Anklage. Aber auch schon Wilhelm Busch und Theodor Fontane zogen eine sehr realistische, desillusionierende Lebensbilanz. Hingegen ist in den Gedichten von Matthias Claudius und von

Karl Kraus nicht so sehr vom individuellen Leben die Rede, sondern vom Menschen überhaupt, wie er zwischen Geburt und Grab gestellt ist: bei Claudius in der immanenten Dialektik von Erbauen und Zerstören, bei Kraus in der symbolisch gefaßten »Nächtlichen Stunde«, dem Gleichnis irdischer Vergänglichkeit von der Nacht zum Tage, vom Winter zum Frühling, vom Leben zum Tod. Viele dieser Gedichte über das Leben und den Lebensablauf setzen immer schon die Antithese, das Wissen um den Tod voraus und gehören insofern auch in unsere Gruppe *Der Tod* hinein. Beim späten Georg Kaiser gab es nur noch die radikale, verzweifelte Absage an das menschliche Leben überhaupt, Hesses, ungefähr um die gleiche Zeit entstandenes Gedicht »Stufen« kennt hingegen noch die Wendung ins positiv Bejahende. In Brechts Strophen »An die Nachgeborenen« wird die Lebensbilanz zum sozialen Rechenschaftsbericht und zum Aufruf an die, die nach ihm kommen.

Friedrich Schiller
Resignation. Eine Phantasie

Auch ich war in Arkadien geboren,
Auch mir hat die Natur
An meiner Wiege Freude zugeschworen,
Auch ich war in Arkadien geboren,
Doch Tränen gab der kurze Lenz mir nur.

Des Lebens Mai blüht einmal und nicht wieder,
Mir hat er abgeblüht.
Der stille Gott – o weinet meine Brüder –
Der stille Gott taucht meine Fackel nieder,
Und die Erscheinung flieht.

Da steh ich schon auf deiner Schauerbrücke,
Ehrwürdge Geistermutter – Ewigkeit.
Empfange meinen Vollmachtbrief zum Glücke,
Ich bring ihn unerbrochen dir zurücke,
Mein Lauf ist aus. Ich weiß von keiner Seligkeit.

Vor deinem Thron erheb ich meine Klage,
Verhüllte Richterin.
Auf jenem Stern ging eine frohe Sage,
Du thronest hier mit des Gerichtes Waage
Und nennest dich Vergelterin.

Hier – spricht man – warten Schrecken auf den Bösen
Und Freuden auf den Redlichen.
Des Herzens Krümmen werdest du entblößen,
Der Vorsicht Rätsel werdest du mir lösen
Und Rechnung halten mit dem Leidenden.

Hier öffne sich die Heimat dem Verbannten,
Hier endige des Dulders Dornenbahn.

Ein Götterkind, das sie mir *Wahrheit* nannten,
Die meisten flohen, wenige nur kannten,
Hielt meines Lebens raschen Zügel an.

›Ich zahle dir in einem andern Leben,
Gib deine Jugend mir,
Nichts kann ich dir als diese Weisung geben.‹
Ich nahm die Weisung auf das andre Leben,
Und meiner Jugend Freuden gab ich ihr.

›Gib mir das Weib, so teuer deinem Herzen,
Gib deine Laura mir.
Jenseits der Gräber wuchern deine Schmerzen.‹ –
Ich riß sie blutend aus dem wunden Herzen
Und weinte laut und gab sie ihr.

›Du siehst die Zeit nach jenen Ufern fliegen,
Die blühende Natur
Bleibt hinter ihr – ein welker Leichnam – liegen.
Wenn Erd und Himmel trümmernd auseinanderfliegen,
Daran erkenne den erfüllten Schwur.‹

»Die Schuldverschreibung lautet an die Toten«,
Hohnlächelte die Welt,
»Die Lügnerin, gedungen von Despoten,
Hat für die Wahrheit Schatten dir geboten,
Du bist nicht mehr, wenn dieser Schein verfällt.«

Frech witzelte das Schlangenheer der Spötter:
»Vor einem Wahn, den nur Verjährung weiht,
Erzitterst du? Was sollen deine Götter,
Des kranken Weltplans schlau erdachte Retter,
Die Menschenwitz des Menschen Notdurft leiht?

Ein Gaukelspiel, ohnmächtigen Gewürmen
Von mächtigem gegönnt,

Schreckfeuer angesteckt auf hohen Türmen,
Die Phantasie des Träumers zu bestürmen,
Wo des Gesetzes Fackel dunkel brennt.

Was heißt die Zukunft, die uns Gräber decken?
Die Ewigkeit, mit der du eitel prangst?
Ehrwürdig nur, weil schlaue Hüllen sie verstecken,
Der Riesenschatten unsrer eignen Schrecken
Im hohlen Spiegel der Gewissensangst;

Ein Lügenbild lebendiger Gestalten,
Die Mumie der Zeit,
Vom Balsamgeist der Hoffnung in den kalten
Behausungen des Grabes hingehalten,
Das nennt dein Fieberwahn – Unsterblichkeit?

Für Hoffnungen – Verwesung straft sie Lügen –
Gabst du *gewisse* Güter hin?
Sechstausend Jahre hat der Tod geschwiegen,
Kam je ein Leichnam aus der Gruft gestiegen,
Der Meldung tat von der Vergelterin?«

Ich sah die Zeit nach deinen Ufern fliegen,
Die blühende Natur
Blieb hinter ihr, ein welker Leichnam, liegen.
Kein Toter kam aus seiner Gruft gestiegen,
Und fest vertraut ich auf den Götterschwur.

All meine Freuden hab ich dir geschlachtet,
Jetzt werf ich mich vor deinen Richterthron.
Der Menge Spott hab ich beherzt verachtet,
Nur *deine* Güte hab ich groß geachtet,
Vergelterin, ich fordre meinen Lohn.

›Mit gleicher Liebe lieb ich meine Kinder!‹
Rief unsichtbar ein Genius.

›Zwei Blumen‹, rief er, › – hört es, Menschenkinder –
Zwei Blumen blühen für den weisen Finder,
Sie heißen *Hoffnung* und *Genuß.*

Wer dieser Blumen *Eine* brach, begehre
Die andre Schwester nicht.
Genieße, wer nicht glauben kann. Die Lehre
Ist ewig wie die Welt. Wer glauben kann, entbehre.
Die Weltgeschichte ist das Weltgericht.

Du hast *gehofft,* dein Lohn ist abgetragen,
Dein *Glaube* war dein zugewognes Glück.
Du konntest deine Weisen fragen,
Was man von der Minute ausgeschlagen,
Gibt keine Ewigkeit zurück.‹

Erich Kästner
Kurzgefaßter Lebenslauf

Wer nicht zur Welt kommt, hat nicht viel verloren.
Er sitzt im All auf einem Baum und lacht.
Ich wurde seinerzeit als Kind geboren,
eh ich's gedacht.

Die Schule, wo ich viel vergessen habe,
bestritt seitdem den größten Teil der Zeit.
Ich war ein patentierter Musterknabe.
Wie kam das bloß? Es tut mir jetzt noch leid.

Dann gab es Weltkrieg, statt der großen Ferien.
Ich trieb es mit der Fußartillerie.
Dem Globus lief das Blut aus den Arterien.
Ich lebte weiter. Fragen Sie nicht, wie.

Bis dann die Inflation und Leipzig kamen;
mit Kant und Gotisch, Börse und Büro,
mit Kunst und Politik und jungen Damen.
Und sonntags regnete es sowieso.

Nun bin ich zirka 31 Jahre
und habe eine kleine Versfabrik.
Ach, an den Schläfen blühn schon graue Haare,
und meine Freunde werden langsam dick.

Ich setze mich sehr gerne zwischen Stühle.
Ich säge an dem Ast, auf dem wir sitzen.
Ich gehe durch die Gärten der Gefühle,
die tot sind, und bepflanze sie mit Witzen.

Auch ich muß meinen Rucksack selber tragen!
Der Rucksack wächst. Der Rücken wird nicht breiter.
Zusammenfassend läßt sich etwas sagen:
Ich kam zur Welt und lebe trotzdem weiter.

Georg Kaiser
Flehruf

Nicht, mächt'ger Schöpfer, lasse so geschehn,
Wenn du zerfallne Formen wandelnd richtest,
Daß Mensch ich wieder. Dies mein Sterbeflehn,
Bevor du jetzt mich odemlos vernichtest.

Mach mich zum Baum, den bald der Beilhieb fällt.
Zur Ratte in dem gift'gen Maul der Schlange.
Zum Fuchs, der sich im Eisen heiser bellt.
Zum Lamm, verzuckend in des Wolfes Fange.

Mach mich zum Wurm, den jeder Schuh zertritt.
Zum Vogel mit zerbrochenem Gefieder.
Mach leiden mich, wie nie solch Wesen litt.
Laß so mich endlos sein. Nur Mensch nicht wieder.

Hermann Hesse
Stufen

Wie jede Blüte welkt und jede Jugend
Dem Alter weicht, blüht jede Lebensstufe,
Blüht jede Weisheit auch und jede Tugend
Zu ihrer Zeit und darf nicht ewig dauern.
Es muß das Herz bei jedem Lebensrufe
Bereit zum Abschied sein und Neubeginne,
Um sich in Tapferkeit und ohne Trauern
In andre, neue Bindungen zu geben.
Und jedem Anfang wohnt ein Zauber inne,
Der uns beschützt und der uns hilft, zu leben.

Wir sollen heiter Raum um Raum durchschreiten,
An keinem wie an einer Heimat hängen,
Der Weltgeist will nicht fesseln uns und engen,
Er will uns Stuf' um Stufe heben, weiten.
Kaum sind wir heimisch einem Lebenskreise
Und traulich eingewohnt, so droht Erschlaffen,
Nur wer bereit zu Aufbruch ist und Reise,
Mag lähmender Gewöhnung sich entraffen.
Es wird vielleicht auch noch die Todesstunde
Uns neuen Räumen jung entgegensenden,
Des Lebens Ruf an uns wird niemals enden . . .
Wohlan denn, Herz, nimm Abschied und gesunde!

Wilhelm Busch
Aus Anlaß des 75. Geburtstags 1907.
Mein Lebenslauf

Mein Lebenslauf ist bald erzählt.
In stiller Ewigkeit verloren
Schlief ich, und nichts hat mir gefehlt,
Bis daß ich sichtbar ward geboren.
Was aber nun? – Auf schwachen Krücken,
Ein leichtes Bündel auf dem Rücken,
Bin ich getrost dahingeholpert,
Bin über manchen Stein gestolpert,
Mitunter grad, mitunter krumm,
Und schließlich mußt' ich mich verschnaufen.
Bedenklich rieb ich meine Glatze
Und sah mich in der Gegend um.
O weh! Ich war im Kreis gelaufen,
Stand wiederum am alten Platze,
Und vor mir dehnt sich lang und breit,
Wie ehedem, die Ewigkeit.

Theodor Fontane
Summa Summarum

Eine kleine Stellung, ein kleiner Orden
(Fast wär' ich auch mal Hofrat geworden)
Ein bißchen Namen, ein bißchen Ehre,
Eine Tochter »geprüft«, ein Sohn im Heere,
Mit siebzig 'ne Jubiläumsfeier,
Artikel im Brockhaus und im Meyer . . .
Altpreußischer Durchschnitt, Summa Summarum,
Es drehte sich immer um Lirum Larum,
Um Lirum Larum Löffelstiel.
Alles in allem – es war nicht viel.

Friedrich Hölderlin
Lebenslauf

Größers wolltest auch du, aber die Liebe zwingt
All uns nieder, das Leid beuget gewaltiger,
Doch es kehret umsonst nicht
Unser Bogen, woher er kommt.

Aufwärts oder hinab! herrschet in heil'ger Nacht,
Wo die stumme Natur werdende Tage sinnt,
Herrscht im schiefesten Orkus
Nicht ein Grades, ein Recht noch auch?

Dies erfuhr ich. Denn nie, sterblichen Meistern gleich
Habt ihr Himmlischen, Ihr Alleserhaltenden,
Daß ich wüßte, mit Vorsicht
Mich des ebenen Pfades geführt.

Alles prüfe der Mensch, sagen die Himmlischen,
Daß er, kräftig genährt, danken für Alles lern',
Und verstehe die Freiheit,
Aufzubrechen, wohin er will.

Hans Magnus Enzensberger
lebenslauf

später erfuhr ich, daß es ein freitag war,
da ich herausfuhr, schreiend,
aus meinem sarg, aus meiner mutter.

zwischen meiner verräterischen geburt,
besiegelt von öl und wasser und salz,
und meinem eingeborenen tod,

in dieser langen weile zwischen freitag
und aberfreitag ward ich geimpft
und gefirmt und gemustert. für glück

galt das lackierte gesicht der gewalt.
einmal im jahr hat der schnee gewechselt.
mein totenhemd tauschte ich täglich.

ich habe die vier striche des himmels bemerkt.
meine worte sind davongefahren auf einem wind.
kein ruhm, kein feuer hat mich verzehrt.

abends ist meine leber schwer wie ein feldstein,
und wenn es freitag wird, höre ich ein geschrei,
als schriee ich in meinem weißen hemd,

wie vor langer weile, zur stunde meiner geburt.
dann schlafe ich mürrisch ein und denke:
das geht mich nichts an. es wird ein anderer

krieg sein, ein anderer toter hund, nicht ich,
wird zum mond geschossen, verscharrt
im entgeisterten, schreienden raum.

Matthias Claudius
Der Mensch

Empfangen und genähret
  Vom Weibe wunderbar,
Kommt er und sieht und höret
  und nimmt des Trugs nicht wahr;
Gelüstet und begehret,
  Und bringt seine Tränlein dar;
Verachtet und verehret;
  Hat Freude und Gefahr;
Glaubt, zweifelt, wähnt und lehret,
  Hält nichts und alles wahr;
Erbauet und zerstöret;
  Und quält sich immerdar;
Schläft, wachet, wächst und zehret;
  Trägt braun und graues Haar
Und alles dieses währet,
  Wenn's hoch kommt, achtzig Jahr.
Denn legt er sich zu seinen Vätern nieder,
Und er kömmt nimmer wieder.

Karl Kraus
Nächtliche Stunde

Nächtliche Stunde, die mir vergeht,
da ich's ersinne, bedenke und wende,
und diese Nacht geht schon zu Ende.
Draußen ein Vogel sagt: es ist Tag.

Nächtliche Stunde, die mir vergeht,
da ich's ersinne, bedenke und wende,
und dieser Winter geht schon zu Ende.
Draußen ein Vogel sagt: es ist Frühling.

Nächtliche Stunde, die mir vergeht,
da ich's ersinne, bedenke und wende,
und dieses Leben geht schon zu Ende.
Draußen ein Vogel sagt: es ist Tod.

Johann Wolfgang Goethe
Urworte. Orphisch

ΔΑΙΜΩΝ, Dämon

Wie an dem Tag, der dich der Welt verliehen,
Die Sonne stand zum Gruße der Planeten,
Bist alsobald und fort und fort gediehen
Nach dem Gesetz, wonach du angetreten.
So mußt du sein, dir kannst du nicht entfliehen,
So sagten schon Sibyllen, so Propheten;
Und keine Zeit und keine Macht zerstückelt
Geprägte Form, die lebend sich entwickelt.

ΤΥΧΗ, Das Zufällige

Die strenge Grenze doch umgeht gefällig
Ein Wandelndes, das mit und um uns wandelt;
Nicht einsam bleibst du, bildest dich gesellig
Und handelst wohl so, wie ein andrer handelt:
Im Leben ist's bald hin-, bald widerfällig,
Es ist ein Tand und wird so durchgetandelt.
Schon hat sich still der Jahre Kreis geründet,
Die Lampe harrt der Flamme, die entzündet.

ΕΡΩΣ, Liebe

Die bleibt nicht aus! – Er stürzt vom Himmel nieder,
Wohin er sich aus alter Öde schwang,
Er schwebt heran auf luftigem Gefieder
Um Stirn und Brust den Frühlingstag entlang,
Scheint jetzt zu fliehn, vom Fliehen kehrt er wieder,
Da wird ein Wohl im Weh, so süß und bang.
Gar manches Herz verschwebt im Allgemeinen,
Doch widmet sich das edelste dem Einen.

ΑΝΑΓΚΗ, Nötigung

Da ist's denn wieder, wie die Sterne wollten:
Bedingung und Gesetz; und aller Wille
Ist nur ein Wollen, weil wir eben sollten,
Und vor dem Willen schweigt die Willkür stille:
Das Liebste wird vom Herzen weggescholten,
Dem harten Muß bequemt sich Will und Grille.
So sind wir scheinfrei denn nach manchen Jahren
Nur enger dran, als wir am Anfang waren.

ΕΛΠΙΣ, Hoffnung

Doch solcher Grenze, solcher ehrnen Mauer
Höchst widerwärtige Pforte wird entriegelt,
Sie stehe nur mit alter Felsendauer!
Ein Wesen regt sich leicht und ungezügelt:
Aus Wolkendecke, Nebel, Regenschauer
Erhebt sie uns, mit ihr, durch sie beflügelt;
Ihr kennt sie wohl, sie schwärmt durch alle Zonen;
Ein Flügelschlag – und hinter uns Äonen!

Johann Wolfgang Goethe
Um Mitternacht

Um Mitternacht ging ich, nicht eben gerne,
Klein, kleiner Knabe, jenen Kirchhof hin
Zu Vaters Haus, des Pfarrers; Stern am Sterne
Sie leuchteten doch alle gar zu schön;
 Um Mitternacht.

Wenn ich dann ferner in des Lebens Weite
Zur Liebsten mußte, mußte, weil sie zog.
Gestirn und Nordschein über mir im Streite,
Ich gehend, kommend Seligkeiten sog;
 Um Mitternacht.

Bis dann zuletzt des vollen Mondes Helle
So klar und deutlich mir ins Finstere drang.
Auch der Gedanke willig, sinnig, schnelle
Sich ums Vergangne wie ums Künftige schlang;
 Um Mitternacht.

Bertolt Brecht
An die Nachgeborenen

1

Wirklich, ich lebe in finsteren Zeiten!
Das arglose Wort ist töricht. Eine glatte Stirn
Deutet auf Unempfindlichkeit hin. Der Lachende
Hat die furchtbare Nachricht
Nur noch nicht empfangen.

Was sind das für Zeiten, wo
Ein Gespräch über Bäume fast ein Verbrechen ist
Weil es ein Schweigen über so viele Untaten einschließt!
Der dort ruhig über die Straße geht
Ist wohl nicht mehr erreichbar für seine Freunde
Die in Not sind?

Es ist wahr: ich verdiene noch meinen Unterhalt.
Aber glaubt mir: das ist nur ein Zufall. Nichts
Von dem, was ich tue, berechtigt mich dazu, mich sattzuessen.
Zufällig bin ich verschont. (Wenn mein Glück aussetzt bin ich verloren.)
Man sagt mir: Iß und trink du! Sei froh, daß du hast!
Aber wie kann ich essen und trinken, wenn
Ich dem Hungernden entreiße, was ich esse, und
Mein Glas Wasser einem Verdurstenden fehlt?
Und doch esse und trinke ich.

Ich wäre gerne auch weise.
In den alten Büchern steht, was weise ist:
Sich aus dem Streit der Welt halten und die kurze Zeit
Ohne Furcht verbringen.

Auch ohne Gewalt auskommen
Böses mit Gutem vergelten
Seine Wünsche nicht erfüllen, sondern vergessen
Gilt für weise.
Alles das kann ich nicht:
Wirklich, ich lebe in finsteren Zeiten!

2

In die Städte kam ich zur Zeit der Unordnung
Als da Hunger herrschte.
Unter die Menschen kam ich zu der Zeit des Aufruhrs
Und ich empörte mich mit ihnen.
So verging meine Zeit,
Die auf Erden mir gegeben war.

Mein Essen aß ich zwischen den Schlachten
Schlafen legte ich mich unter die Mörder
Der Liebe pflegte ich achtlos
Und die Natur sah ich ohne Geduld.
So verging meine Zeit
Die auf Erden mir gegeben war.

Die Straßen führten in den Sumpf zu meiner Zeit.
Die Sprache verriet mich dem Schlächter.
Ich vermochte nur wenig. Aber die Herrschenden
Saßen ohne mich sicherer, das hoffte ich.
So verging meine Zeit
Die auf Erden mir gegeben war.

Die Kräfte waren gering. Das Ziel
Lag in großer Ferne
Es war deutlich sichtbar, wenn auch für mich
Kaum zu erreichen.
So verging meine Zeit
Die auf Erden mir gegeben war.

3

Ihr, die ihr auftauchen werdet aus der Flut
In der wir untergegangen sind
Gedenkt
Wenn ihr von unseren Schwächen sprecht
Auch der finsteren Zeit
Der ihr entronnen seid.

Gingen wir doch, öfter als die Schuhe die Länder wechselnd
Durch die Kriege der Klassen, verzweifelt
Wenn da nur Unrecht war und keine Empörung.

Dabei wissen wir doch:
Auch der Haß gegen die Niedrigkeit
Verzerrt die Züge.
Auch der Zorn über das Unrecht
Macht die Stimme heiser. Ach, wir
Die wir den Boden bereiten wollten für Freundlichkeit
Konnten selber nicht freundlich sein.

Ihr aber, wenn es soweit sein wird
Daß der Mensch dem Menschen ein Helfer ist
Gedenkt unsrer
Mit Nachsicht.

Die Landschaft

Zum Leben als individueller Aufgabe kontrastiert die Landschaft, das Leben in, mit oder sogar gegen die Natur. Von der Landschaft geht oft, aber keineswegs immer etwas Tröstendes aus. Nicht nur Georges Verse über den totgesagten Park, auch »Wandrers Nachtlied« von Goethe ist *auch* eine Vordeutung auf den Tod. Mörikes mythisches Orplidgedicht »Gesang Weylas« nennt eine Phantasie-Insel in leuchtender Abgeschiedenheit, die in Weyla ihre eigene Göttin hat. Dieses Gedicht über die so ganz elementar heidnisch verstandene Gottheit und ihr »Kind«, die Insel, ist jedoch zugleich ein verschlüsseltes Liebesgedicht. Mit Vorliebe hat Mörike die Geliebte »Kind« genannt. Dämonisches, Bedrohendes, Rätselhaftes der Landschaft bis an die Grenze möglicher Vernichtung des Menschen spiegelt sich in den Versen von Meyer, Huchel und Eichendorff. Jürgen Becker, ein jüngerer Dichter von heute, erfährt Landschaft bereits von der Verfremdung der Großstadt her. Heißenbüttels Gedicht »Möven und Tauben« benutzt Natur-Motive freilich nur, um damit ein konstruktives Figurengedicht aufzubauen. Weit mehr ein genau beschreibendes Landschaftsgedicht scheint Enzensbergers »kirschgarten im schnee« zu sein. Hat sich hier ein politisch so engagierter Schriftsteller wie Enzensberger von seinem eigentlichen Anliegen bereits abgewandt? Aber das Gedicht handelt auf eine zwar indirekte, aber vielleicht damit um so wirkungsvollere Weise, immer noch von der Situation des heutigen Menschen, der zwischen die Utopie der Hoffnung und die Hoffnungslosigkeit der Katastrophe gestellt ist. Rilkes Gedicht »Frühling« aus seiner Spätzeit hingegen wird zum sprachlichen Spiel mit den »Schatten«, die nicht nur die »Wandlung« in der Natur, sondern auch die bereits vorweggenommene im Menschen begleiten. Auch Ernst Meisters »Vogelwolke« beschreibt die herbstliche Landschaft nicht nur in direkter Präzision, sondern zugleich mit Hilfe des Wortspiels der Sprache. Gedichte über die Landschaft bleiben motivisch fast immer auch auf den Menschen bezogen, freilich oft in versteckter Weise. Offensichtlich ist in den Gedichten dieser Gruppe am stärksten eine ungebrochene Tradition deutscher Lyrik zu spüren.

Jürgen Becker
Gedicht, sehr früh

In der Frühe um fünf weckt mich
das Geräusch eines einzelnen, kreisenden Flugzeugs;
ich kämpfe noch, an den Rändern
des Schlafs, um den Rest eines Traums;
kreischend die Vögel, ehe zu dröhnen
beginnt mein vollbeschäftigtes Land;
fürchterlich wird der Sommer, glücklich die Nachbarn
auf Grundstücken in der Nähe der Autobahn;
resigniert haben einige, vorbei sei
die schönste Zeit, und das zählt nicht;
gestern abend hörte ich sprechen Leute
in Gärten, Geräusche des Alterns;
vor vielen Jahren erfand ich nach jeder Täuschung
die nächste, dann wußte ich mehr;
so fängt der Tag an, die Volkswagen schnarren,
Wirkliches mit der Zeitung, anderswo noch Schnee.

Johann Wolfgang Goethe
Über allen Gipfeln

Über allen Gipfeln
Ist Ruh,
In allen Wipfeln
Spürest du
Kaum einen Hauch;
Die Vögelein schweigen im Walde.
Warte nur, balde
Ruhest du auch.

Eduard Mörike
Gesang Weylas

Du bist Orplid, mein Land!
Das ferne leuchtet;
Vom Meere dampfet dein besonnter Strand
Den Nebel, so der Götter Wange feuchtet.

Uralte Wasser steigen
Verjüngt um deine Hüften, Kind!
Vor deiner Gottheit beugen
Sich Könige, die deine Wärter sind.

Hans Magnus Enzensberger
kirschgarten im schnee

i

was einst baum war, stock, hecke, zaun:
unter gehn in der leeren schneeluft
diese winzigen spuren von tusche
wie ein wort auf der seite riesigem weiß:
weiß zeichnet dies geringfügig schöne geäst
in den weißen himmel sich, zartfingrig,
fast ohne andenken, fast nur noch frost,
kaum mehr zeitheimisch, kaum noch
oben und unten, unsichtig
die linie zwischen himmel und hügel,
sehr wenig weiß im weißen:
fast nichts –

ii

und doch ist da,
eh die seite, der ort, die minute
ganz weiß wird,
noch dies getümmel geringer farben
im kaum mehr deutlichen deutlich:
eine streitschar erbitterter tüpfel:
zink-, blei-, kreideweiß,
gips, milch, schlohweiß und schimmel:
jedes von jedem distinkt:
so vielstimmig, so genau
in hellen gesprenkelten haufen,
der todesjubel der spuren.

iii

zwischen fast nichts und nichts
wehrt sich und blüht weiß die kirsche.

Helmut Heißenbüttel
Möven und Tauben

	Möven		und	Tauben	auch	
		Schwäne				
kommen						an Seen
		vor	und	Schwalben		im Sommer
				Tauben		im Sommer
						an Seen
kommen		Schwäne	und			
	Möven vor			Tauben		
			und			
		Schwäne	und		auch	
	Möven					
kommen						im Sommer
		vor				

Conrad Ferdinand Meyer
Schwarzschattende Kastanie

Schwarzschattende Kastanie,
Mein windgeregtes Sommerzelt,
Du senkst zur Flut dein weit Geäst,
Dein Laub, es durstet und es trinkt,
Schwarzschattende Kastanie!
Im Porte badet junge Brut
Mit Hader oder Lustgeschrei,
Und Kinder schwimmen leuchtend weiß
Im Gitter deines Blätterwerks,
Schwarzschattende Kastanie!
Und dämmern See und Ufer ein
Und rauscht vorbei das Abendboot,
So zuckt aus roter Schiffslatern
Ein Blitz und wandert auf dem Schwung
Der Flut, gebrochnen Lettern gleich,
Bis unter deinem Laub erlischt
Die rätselhafte Flammenschrift,
Schwarzschattende Kastanie!

Rainer Maria Rilke

Frühling

für Katharina Kippenberg

Nicht so sehr der neue Schimmer tats,
daß wir meinen, Frühling mitzuwissen,
als ein Spiel von sanften Schattenrissen
auf der Klärung eines Gartenpfads.

Schatten eignet uns den Garten an.
Blätterschatten lindert unsern Schrecken,
wenn wir in der Wandlung, die begann,
uns schon vorverwandelter entdecken.

Peter Huchel

Sibylle des Sommers

September schleudert die Wabe des Lichts
Weit über die felsigen Gärten aus.
Noch will die Sibylle des Sommers nicht sterben.
Den Fuß im Nebel und starren Gesichts
Bewacht sie das Feuer im laubigen Haus,
Wo Mandelschalen als Urnenscherben
Zersplittert im harten Weggras liegen.
Das Schiffblatt neigt sich, das Wasser zu kerben.
Die Spinnen reisen, die Fäden fliegen.
Noch will die Sibylle des Sommers nicht sterben.
Sie knotet ihr Haar in den Bäumen fest.
Die Feige leuchtet in klaffender Fäule.
Und weiß und rund wie das Ei der Eule
Glänzt abends der Mond im dünnen Geäst.

Stefan George
Komm in den totgesagten park und schau

Komm in den totgesagten park und schau:
Der schimmer ferner lächelnder gestade.
Der reinen wolken unverhofftes blau
Erhellt die weiher und die bunten pfade.

Dort nimm das tiefe gelb, das weiche grau
Von birken und von buchs. Der wind ist lau.
Die späten rosen welkten noch nicht ganz.
Erlese küsse sie und flicht den kranz.

Vergiß auch diese letzten astern nicht.
Den purpur um die ranken wilder reben.
Und auch was übrig blieb von grünem leben
Verwinde leicht im herbstlichen gesicht.

Joseph von Eichendorff
Zwielicht

Dämmrung will die Flügel spreiten,
Schaurig rühren sich die Bäume,
Wolken ziehn wie schwere Träume –
Was will dieses Graun bedeuten?

Hast ein Reh du, lieb vor andern,
Laß es nicht alleine grasen,
Jäger ziehn im Wald und blasen,
Stimmen hin und wieder wandern.

Hast du einen Freund hienieden,
Trau ihm nicht zu dieser Stunde,
Freundlich wohl mit Aug und Munde,
Sinnt er Krieg im tück'schen Frieden.

Was heut müde gehet unter,
Hebt sich morgen neugeboren.
Manches bleibt in Nacht verloren –
Hüte dich, bleib wach und munter!

Ernst Meister
Vogelwolke

Ein Abend,
starrend von Staren . . .
und wärs auch
Wortspiel, es schafft sich
Wahrheit,
so schwarzes Gezwitscher
ein unerhörtes
im Labyrinth.

Das muß
der Herbst sein. Er
runzelt die Braue:
Die Vogelwolke
steigt auf aus
besudelten Wipfeln

und nimmt nach
Norden
unverständliche Richtung.

Die Gesellschaft

Unsere nachfolgende Gruppe führt zurück in die menschliche Welt und ihre sozialen Konflikte: Krieg, Revolution, Vertreibung, Zerstörung des Menschen durch den Menschen. Von Heine haben wir mit Absicht seine »politische Lyrik« exemplarisch herausgestellt. Jeder weiß, daß es daneben auch noch ganz andere Verse von ihm gibt. Claudius' schlichtes Kriegslied mag heute fast idyllisch anmuten, aber der warnende, ja bittere Ton darf dabei nicht überhört werden. Auch diese Verse sind schon eine Vorstufe zu jener Lyrik, die immer stärker das Entsetzliche und Katastrophale im menschlichen Zusammenleben im Gedicht verdichtet, am grausigsten wohl in den Strophen eines zeitgenössischen Autors, Ernst Jandl. Sie zeigen, daß man trotz Adornos entgegengesetzter Behauptung auch *nach* Auschwitz noch Gedichte schreiben konnte, ja sogar über Auschwitz selbst. Gleiches gilt ja auch von Celans berühmt gewordenem Gedicht »Todesfuge«. Solche Verse stehen stellvertretend für eine Epoche, die zwar schon hinter uns liegt, aber noch keineswegs, wie sehr viele gern glauben wollen, heute schon »bewältigt« ist. Tucholsky, der später als Emigrant in Schweden den Freitod suchte, konnte in den zwanziger Jahren den Konflikt zwischen dem Ich und der Gesellschaft fast noch ins Scherzhafte wenden, aber die unbestechliche Zeitkritik bleibt trotzdem unüberhörbar. In unserer Gruppe überwiegt bereits vom Gegenstand her die politische Lyrik. Aber sie interessiert uns hier nicht als bloßes Mittel der Agitation, als Sammelbecken von Schlagworten und Parolen, sondern nur, soweit sie im Gedicht »Form« geworden ist und eben damit eine Aktualität gewinnt, die über die des Tages bereits hinausgeht. Das gelang Tucholsky und Brecht, aber früher schon Heine.

Matthias Claudius
Kriegslied

’s ist Krieg! ’s ist Krieg! O Gottes Engel wehre,
Und rede du darein!
’s ist leider Krieg – und ich begehre
Nicht schuld daran zu sein!

Was sollt ich machen, wenn im Schlaf mit Grämen
Und blutig, bleich und blaß,
Die Geister der Erschlagnen zu mir kämen,
Und vor mir weinten, was?

Wenn wackre Männer, die sich Ehre suchten,
Verstümmelt und halbtot
Im Staub sich vor mir wälzten und mir fluchten
In ihrer Todesnot?

Wenn tausend, tausend Väter, Mütter, Bräute,
So glücklich vor dem Krieg,
Nun alle elend, alle arme Leute,
Wehklagten über mich?

Wenn Hunger, böse Seuch und ihre Nöten
Freund, Freund und Feind ins Grab
Versammleten, und mir zu Ehren krähten
Von einer Leich herab?

Was hülf mir Kron und Land und Gold und Ehre?
Die könnten mich nicht freun!
’s ist leider Krieg – und ich begehre
Nicht schuld daran zu sein!

Bertolt Brecht
Aus einem Lesebuch für Städtebewohner

VERWISCH DIE SPUREN

Trenne dich von deinen Kameraden auf dem Bahnhof
Gehe am Morgen in die Stadt mit zugeknöpfter Jacke
Suche dir Quartier und wenn dein Kamerad anklopft:
Öffne, oh, öffne die Tür nicht
Sondern
Verwisch die Spuren!

Wenn du deinen Eltern begegnest in der Stadt Hamburg
oder sonstwo
Gehe an ihnen fremd vorbei, biege um die Ecke, erkenne
sie nicht
Zieh den Hut ins Gesicht, den sie dir schenkten
Zeige, oh, zeige dein Gesicht nicht
Sondern
Verwisch die Spuren!

Iß das Fleisch, das da ist! Spare nicht!
Gehe in jedes Haus, wenn es regnet, und setze dich auf
jeden Stuhl, der da ist
Aber bleibe nicht sitzen! Und vergiß deinen Hut nicht!
Ich sage dir:
Verwisch die Spuren!

Was immer du sagst, sag es nicht zweimal
Findest du deinen Gedanken bei einem andern:
verleugne ihn
Wer seine Unterschrift nicht gegeben hat, wer kein Bild
hinterließ
Wer nicht dabei war, wer nichts gesagt hat
Wie soll der zu fassen sein?
Verwisch die Spuren!

Sorge, wenn du zu sterben gedenkst
Daß kein Grabmal steht und verrät, wo du liegst
Mit einer deutlichen Schrift, die dich anzeigt
Und dem Jahr deines Todes, das dich überführt!
Noch einmal:
Verwisch die Spuren!

(Das wurde mir gelehrt.)

August von Platen
Sonett

Dies Land der Mühe, dieses Land des herben
Entsagens werd' ich ohne Seufzer missen,
Wo man bedrängt von tausend Hindernissen
Sich müde quält und dennoch muß verderben.

Zwar mancher Vorteil läßt sich hier erwerben,
Staatswürden, Wohlstand, eine Last von Wissen,
Und unsre Deutschen waren stets beflissen,
Sich abzuplagen und geplagt zu sterben.

Ein Solcher darf zu keiner Zeit ermatten,
Er fördre sich, er schmeichle jeder Mode
Und sei dabei, wo Glück und Macht sich gatten.

Mir, der ich bloß ein wandernder Rhapsode,
Genügt ein Freund, ein Becher Wein im Schatten,
Und ein berühmter Name nach dem Tode.

Heinrich Heine
Die schlesischen Weber

Im düstern Auge keine Träne,
Sie sitzen am Webstuhl und fletschen die Zähne:
Deutschland, wir weben dein Leichentuch,
Wir weben hinein den dreifachen Fluch –
  Wir weben, wir weben!

Ein Fluch dem Gotte, zu dem wir gebeten
In Winterskälte und Hungersnöten;
Wir haben vergebens gehofft und geharrt,
Er hat uns geäfft und gefoppt und genarrt –
  Wir weben, wir weben!

Ein Fluch dem König, dem König der Reichen,
Den unser Elend nicht konnte erweichen,
Der den letzten Groschen von uns erpreßt
Und uns wie Hunde erschießen läßt –
  Wir weben, wir weben!

Ein Fluch dem falschen Vaterlande,
Wo nur gedeihen Schmach und Schande,
Wo jede Blume früh geknickt,
Wo Fäulnis und Moder den Wurm erquickt –
  Wir weben, wir weben!

Das Schiffchen fliegt, der Webstuhl kracht,
Wir weben emsig Tag und Nacht –
Altdeutschland, wir weben dein Leichentuch,
Wir weben hinein den dreifachen Fluch,
  Wir weben, wir weben!

Heinrich Heine
Die Wanderratten

Es gibt zwei Sorten Ratten:
Die hungrigen und satten.
Die satten bleiben vergnügt zu Haus,
Die hungrigen aber wandern aus.

Sie wandern viel tausend Meilen,
Ganz ohne Rasten und Weilen,
Gradaus in ihrem grimmigen Lauf,
Nicht Wind noch Wetter hält sie auf.

Sie klimmen wohl über die Höhen,
Sie schwimmen wohl durch die Seen;
Gar manche ersäuft oder bricht das Genick,
Die lebenden lassen die toten zurück.

Es haben diese Käuze
Gar fürchterliche Schnäuze;
Sie tragen die Köpfe geschoren egal,
Ganz radikal, ganz rattenkahl.

Die radikale Rotte
Weiß nichts von einem Gotte.
Sie lassen nicht taufen ihre Brut,
Die Weiber sind Gemeindegut.

Der sinnliche Rattenhaufen,
Er will nur fressen und saufen,
Er denkt nicht, während er säuft und frißt,
Daß unsre Seele unsterblich ist.

So eine wilde Ratze,
Die fürchtet nicht Hölle, nicht Katze;

Sie hat kein Gut, sie hat kein Geld
Und wünscht aufs neue zu teilen die Welt.

Die Wanderratten, o wehe!
Sie sind schon in der Nähe.
Sie rücken heran, ich höre schon
Ihr Pfeifen – die Zahl ist Legion.

O wehe! Wir sind verloren,
Sie sind schon vor den Toren!
Der Bürgermeister und Senat,
Sie schütteln die Köpfe, und keiner weiß Rat.

Die Bürgerschaft greift zu den Waffen,
Die Glocken läuten die Pfaffen.
Gefährdet ist das Palladium
Des sittlichen Staats, das Eigentum.

Nicht Glockengeläute, nicht Pfaffengebete,
Nicht hochwohlweise Senatsdekrete,
Auch nicht Kanonen, viel Hundertpfünder,
Sie helfen euch heute, ihr lieben Kinder!

Heut' helfen euch nicht die Wortgespinste
Der abgelebten Redekünste.
Man fängt nicht Ratten mit Syllogismen,
Sie springen über die feinsten Sophismen.

Im hungrigen Magen Eingang finden
Nur Suppenlogik mit Knödelgründen,
Nur Argumente mit Rinderbraten,
Begleitet mit Göttinger Wurstzitaten.

Ein schweigender Stockfisch, in Butter gesotten,
Behaget den radikalen Rotten
Viel besser als ein Mirabeau
Und alle Redner seit Cicero.

Wolf Biermann
Das Barlach-Lied

Ach Mutter mach die Fenster zu
Ich glaub es kommt ein Regen
Da drüben steht die Wolkenwand
Die will sich auf uns legen

Was soll aus uns noch werden
Uns droht so große Not
Vom Himmel auf die Erden
Falln sich die Engel tot

Ach Mutter mach die Türe zu
Da kommen tausend Ratten
Die hungrigen sind vorne weg
Dahinter sind die satten

Was soll aus uns noch werden
Uns droht so große Not
Vom Himmel auf die Erden
Falln sich die Engel tot

Ach Mutter mach die Augen zu
Der Regen und die Ratten
Jetzt dringt es durch die Ritzen ein
Die wir vergessen hatten

Was soll aus uns noch werden
Uns droht so große Not
Vom Himmel auf die Erden
Falln sich die Engel tot

Georg Weerth
Das Hungerlied

Verehrter Herr und König,
Weißt du die schlimme Geschicht?
Am Montag aßen wir wenig,
Und am Dienstag aßen wir nicht.

Und am Mittwoch mußten wir darben,
Und am Donnerstag litten wir Not;
Und ach, am Freitag starben
Wir fast den Hungertod!

Drum laß am Samstag backen
Das Brot, fein säuberlich –
Sonst werden wir sonntags packen
Und fressen, o König, dich!

Kurt Tucholsky
An das Baby

Alle stehn um dich herum:
Fotograf und Mutti
und ein Kasten, schwarz und stumm,
Felix, Tante Putti . . .
    Sie wackeln mit dem Schlüsselbund,
    fröhlich quietscht ein Gummihund.
    »Baby, lach mal!« ruft Mama.
    »Guck«, ruft Tante, »eiala!«
Aber du, mein kleiner Mann,
siehst dir die Gesellschaft an . . .
Na, und dann – was meinste?
                                        Weinste.

Später stehn um dich herum
Vaterland und Fahnen;
Kirche, Ministerium,
Welsche und Germanen.
    Jeder stiert nur unverwandt
    auf das eigne kleine Land.
    Jeder kräht auf seinem Mist,
    weiß genau, was Wahrheit ist.
Aber du, mein guter Mann,
siehst dir die Gesellschaft an . . .
Na, und dann – was machste?
                                        Lachste.

ernst jandl
zertretener mann blues

ich kann die hand nicht heben hoch zum gruß.
  schau her:
ich kann die hand nicht heben hoch zum gruß.
  wo ich doch weiß, wie schlimm das enden muß.

da steht der braune mann vor mir und schlägt.
  schau nur:
da steht der braune mann vor mir und schlägt.
  diesmal heb ich die hand, jedoch zu spät.

ich krieche mit zerdroschenem gesicht. schau weg:
ich krieche mit zerdroschenem gesicht
  vor meinem schlächter, doch ich bettel nicht.

ein stiefelriese tanzt auf meinem bauch. hilf mir:
ein stiefelriese tanzt auf meinem bauch.
  ich fresse feuer, und ich bettel auch.

bald fällt ein knochensack ins massengrab.
  ho ruck:
bald fällt ein knochensack ins massengrab.
  dann bin ich, wo ich meine freunde hab.

Der Einsame

Den Kontrast zur Gruppe Gesellschaft bieten die Gedichte über die Einsamkeit und den Einsamen. Man könnte die Verse von Trakl als Motto darüber setzen:
»Am Abend wieder über meinem Haupt
Saturn lenkt stumm ein elendes Geschick.«
Der Dichter ging frühzeitig zugrunde, auch Lenau wurde ein Opfer der Geisteskrankheit, ebenso Nietzsche, Celan wählte in einer Depression den Freitod. Gedichte der Einsamkeit handeln alle von der hoffnungslosen Isoliertheit des Dichters in einer Welt, die ihn nicht mehr versteht und die er nicht versteht; sie handeln selbst dort noch davon, wo eine fiktive »Rolle« dafür gewählt wird wie bei Brentano und Krolow.
Wie sehr solche Einsamkeit zugleich die Kehrseite ist für eine allgemeine, entfremdete Situation des Menschen in der heutigen Gesellschaft, verraten die »Gärten« der Kaschnitz, ein gleichsam in sein Gegenteil umgekehrtes Naturgedicht. Celans sehr schwierige Verse wiederum, die seinen Gedichtband »Atemwende« eröffnen, lassen sich vom Motiv her kaum mehr zuordnen. Das Gedicht Celans sucht sich allen vorgegebenen Bezügen zu entziehen. Dennoch darf es als Selbstaussage eines sehr einsamen Dichters verstanden werden.

Friedrich Nietzsche
Vereinsamt

Die Krähen schrein
Und ziehen schwirren Flugs zur Stadt:
Bald wird es schnein. –
Wohl dem, der jetzt noch – Heimat hat!

Nun stehst du starr,
Schaust rückwärts, ach! wie lange schon!
Was bist du Narr
Vor Winters in die Welt entflohn?

Die Welt – ein Tor
Zu tausend Wüsten stumm und kalt!
Wer das verlor,
Was du verlorst, macht nirgends halt.

Nun stehst du bleich,
Zur Winter-Wanderschaft verflucht,
Dem Rauche gleich,
Der stets nach kältern Himmeln sucht.

Flieg, Vogel, schnarr
Dein Lied im Wüstenvogel-Ton! –
Versteck, du Narr,
Dein blutend Herz in Eis und Hohn!

Die Krähen schrein
Und ziehen schwirren Flugs zur Stadt:
Bald wird es schnein, –
Weh dem, der keine Heimat hat!

Clemens von Brentano
Der Spinnerin Lied

Es sang vor langen Jahren
Wohl auch die Nachtigall;
Das war wohl süßer Schall,
Da wir zusammen waren.

Ich sing und kann nicht weinen
Und spinne so allein
Den Faden klar und rein,
Solang der Mond wird scheinen.

Da wir zusammen waren,
Da sang die Nachtigall;
Nun mahnet mich ihr Schall,
Daß du von mir gefahren.

So oft der Mond mag scheinen,
Gedenk ich dein allein;
Mein Herz ist klar und rein,
Gott wolle uns vereinen!

Seit du von mir gefahren,
Singt stets die Nachtigall;
Ich denk bei ihrem Schall,
Wie wir zusammen waren.

Gott wolle uns vereinen,
Hier spinn ich so allein,
Der Mond scheint klar und rein,
Ich sing und möchte weinen!

Georg Trakl
Trübsinn

Weltunglück geistert durch den Nachmittag.
Baracken fliehn durch Gärtchen braun und wüst.
Lichtschnuppen gaukeln um verbrannten Mist,
Zwei Schläfer schwanken heimwärts, grau und vag.

Auf der verdorrten Wiese läuft ein Kind
Und spielt mit seinen Augen schwarz und glatt.
Das Gold tropft von den Büschen trüb und matt.
Ein alter Mann dreht traurig sich im Wind.

Am Abend wieder über meinem Haupt
Saturn lenkt stumm ein elendes Geschick.
Ein Baum, ein Hund tritt hinter sich zurück
Und schwarz schwankt Gottes Himmel und entlaubt.

Ein Fischlein gleitet schnell hinab den Bach;
Und leise rührt des toten Freundes Hand
Und glättet liebend Stirne und Gewand.
Ein Licht ruft Schatten in den Zimmern wach.

Marie Luise Kaschnitz
Die Gärten

Die Gärten untergepflügt
Die Wälder zermahlen
Auf dem Nacktfels die Hütte gebaut
Umzäunt mit geschütteten Steinen
Eine Cactusfeige gesetzt
Einen Brunnen gegraben
Mich selbst
Ans Drehkreuz gespannt
Da geh ich geh ich rundum
Schöpfe mein brackiges Lebenswasser
Schreie den Eselsschrei
Hinauf zu den Sternen.

Nikolaus Lenau
Einsamkeit

I.

Hast du schon je dich ganz allein gefunden,
Lieblos und ohne Gott auf einer Heide,
Die Wunden schnöden Mißgeschicks verbunden
Mit stolzer Stille, zornig dumpfem Leide?

War jede frohe Hoffnung dir entschwunden,
Wie einem Jäger an der Bergesscheide
Stirbt das Gebell von den verlornen Hunden,
Wie's Vöglein zieht, daß es den Winter meide?

Warst du auf einer Heide so allein,
So weißt du auch, wie's einen dann bezwingt,
Daß er umarmend stürzt an einen Stein;

Daß er, von seiner Einsamkeit erschreckt,
Entsetzt empor vom starren Felsen springt
Und bang dem Winde nach die Arme streckt.

II.

Der Wind ist fremd, du kannst ihn nicht umfassen,
Der Stein ist tot, du wirst beim kalten, derben
Umsonst um eine Trosteskunde werben,
So fühlst du auch bei Rosen dich verlassen;

Bald siehst du sie, dein ungewahr, erblassen,
Beschäftigt nur mit ihrem eignen Sterben.
Geh weiter: überall grüßt dich Verderben
In der Geschöpfe langen, dunklen Gassen;

Siehst hier und dort sie aus den Hütten schauen,
Dann schlagen sie vor dir die Fenster zu,
Die Hütten stürzen, und du fühlst ein Grauen.

Lieblos und ohne Gott! der Weg ist schaurig,
Der Zugwind in den Gassen kalt; und du? –
Die ganze Welt ist zum Verzweifeln traurig.

Karl Krolow
Robinson I

Immer wieder strecke ich meine Hand
Nach einem Schiff aus.
Mit der bloßen Faust versuche ich,
Nach seinem Segel zu greifen.
Anfangs fing ich
Verschiedene Fahrzeuge, die sich
Am Horizont zeigten.
Ich fange Forellen so.
Doch der Monsun sah mir
Auf die Finger
Und ließ sie entweichen,
Oder Ruder und Kompaß
Brachen. Man muß
Mit Schiffen zart umgehen.
Darum rief ich ihnen Namen nach.
Sie lauteten immer
Wie meiner.

Jetzt lebe ich nur noch
In Gesellschaft mit dem Ungehorsam
Einiger Worte.

Paul Celan
Atemwende

Du darfst mich getrost
mit Schnee bewirten:
sooft ich Schulter an Schulter
Mit dem Maulbeerbaum schritt durch den Sommer,
schrie sein jüngstes
Blatt.

Max Herrmann-Neiße
Litanei der Bitternis

Bitter ist es, das Brot der Fremde zu essen,
bittrer noch, das Gnadenbrot,
und dem Nächsten eine Last zu sein.
Meine beßren Jahre kann ich nicht vergessen;
doch nun sind sie tot,
und getrunken ist der letzte Wein.

Ringsum ist eine ganze Welt verfallen,
alles treibt dem Abgrund zu,
nur noch Schwereres steht uns bevor,
denn wir treiben hilfslos mit den Trümmern allen;
immer denkst auch du
an das Glück, das dein Gemüt verlor.

Selbst die große Stadt muß sich verstellen,
dunkel sein wie Dörfer einst,
die verwunschnen, die man fremd durchfuhr,
seltsam klingt wie damals nachts der Hunde Bellen,
daß du trostlos weinst,
angeweht vom Spuk der Heimatflur.

Bitter ist es, vor jedem neuen Tage
Angst zu haben, nie mehr frei
von geheimen Sorgen, Reue, Gram,
furchtgeplagt bei jedem neuen Glockenschlage,
daß er letzter sei,
eh' man recht vom Leben Abschied nahm.

Ungemilderte Bitternis im Herzen,
bin ich längst mir selbst zur Last
zwischen Morgenrot und Abendrot.
Bitter ist es, alles Glück sich zu verscherzen,
ungebetner Gast
bittrer, und das Bitterste: der Tod.

Ilona Bodden
Einsamkeit

Im Ginsterbusch meines Herzens
singt die Spottdrossel halbe Nächte lang.
Wer mag sie noch hören?

Als du den lachenden Weg entlanggingst,
schäumten Frühlingsblüten
auf dich hinab.

In langen Sommern
wuchsen Dornen und rotes Kraut.

Niemand
betritt den verwachsenen Pfad.

Der Humor

Dennoch vermag der Dichter immer wieder zu »spielen«. Diesen Schritt vollzieht unsere nächste Gruppe. Spiel ist zwar ein Formelement aller Lyrik, aber am nachdrücklichsten geschieht es im Humor und in der Satire. Das Lachen ist freilich dabei oft nur die Kehrseite der Bitterkeit wie bei Wilhelm Busch. Humor und Pessimismus schließen sich keineswegs aus, zumal dort, wo der Humor in die Satire einmündet. Aber das Spielfeld des Humors kann auch im Vergnügen am Umgang mit der Sprache selbst sich entfalten, oft bis an die Grenze des Absurden. Sprachliche Komik dieser Art finden wir bei Morgenstern und Ringelnatz und noch bei manchen Nachfolgern moderner grotesk-absurder Poesie wie bei H.C. Artmann. Aber auch Sozialkritik kann sich nicht nur pointierend, sondern auch liebenswürdig amüsant geben wie beim jungen, noch dem Rokoko nahestehenden Lessing. Etwas breiter ausgemalt geschieht Ähnliches bei einem anderen Dichter der deutschen Aufklärung, bei Johann Heinrich Voß. Das witzig Amüsante verbindet sich in solchen Fällen mit dem Spott der Satire und der Ironie des Verstandes. Niemand von ihnen allen erreicht freilich den kindlich rührenden Ton der anonymen Verse aus »Des Knaben Wunderhorn« »Das bucklichte Männlein«, die Walter Benjamin so vorzüglich glossiert hat.

Das bucklichte Männlein

Will ich in mein Gärtlein gehn,
Will mein Zwiebeln gießen,
Steht ein bucklicht Männlein da,
Fängt als an zu niesen.

Will ich in mein Küchel gehn,
Will mein Süpplein kochen,
Steht ein bucklicht Männlein da,
Hat mein Töpflein brochen.

Will ich in mein Stüblein gehn,
Will mein Müslein essen;
Steht ein bucklicht Männlein da,
Hats schon halber gessen.

Will ich auf mein Boden gehn,
Will mein Hölzlein holen;
Steht ein bucklicht Männlein da,
Hat mirs halber g'stohlen.

Will ich in mein Keller gehn,
Will mein Weinlein zapfen;
Steht ein bucklicht Männlein da,
Tut mir'n Krug wegschnappen.

Setz ich mich ans Rädlein hin,
Will mein Fädlein drehen;
Steht ein bucklicht Männlein da,
Läßt mirs Rad nicht gehen.

Geh ich in mein Kämmerlein,
Will mein Bettlein machen;

Steht ein bucklicht Männlein da,
Fängt als an zu lachen.

Wenn ich an mein Bänklein knie,
Will ein bißlein beten;
Steht ein bucklicht Männlein da,
Fängt als an zu reden.

Liebes Kindlein, ach ich bitt,
Bet' fürs bucklicht Männlein mit!

Christian Morgenstern
Palmström

Palmström steht an einem Teiche
Und entfaltet groß ein rotes Taschentuch:
Auf dem Tuch ist eine Eiche
Dargestellt, sowie ein Mensch mit einem Buch.

Palmström wagt nicht sich hineinzuschneuzen. –
Er gehört zu jenen Käuzen,
Die oft unvermittelt-nackt
Ehrfurcht vor dem Schönen packt.

Zärtlich faltet er zusammen,
Was er eben erst entbreitet.
Und kein Fühlender wird ihn verdammen,
Weil er ungeschneuzt entschreitet.

Gotthold Ephraim Lessing
Faustin

Faustin, der ganze funfzehn Jahr
Entfernt von Haus und Hof und Weib und Kindern war,
Ward, von dem Wucher reich gemacht,
Auf seinem Schiffe heimgebracht.
»Gott«, seufzt der redliche Faustin,
Als ihm die Vaterstadt in dunkler Fern' erschien,
»Gott, strafe mich nicht meiner Sünden,
Und gib mir nicht verdienten Lohn!
Laß, weil du gnädig bist, mich Tochter, Weib und Sohn
Gesund und fröhlich wieder finden.«
So seufzt Faustin, und Gott erhört den Sünder.
Er kam, und fand sein Haus in Überfluß und Ruh.
Er fand sein Weib und seine beiden Kinder,
Und – Segen Gottes! – zwei dazu.

Wilhelm Busch

Früher, da ich unerfahren
Und bescheidner war als heute,
Hatten meine höchste Achtung
Andre Leute.

Später traf ich auf der Weide
Außer mir noch mehre Kälber,
Und nun schätz ich, sozusagen,
Erst mich selber.

Wilhelm Busch

Die erste alte Tante sprach:
  Wir müssen nun auch dran denken,
Was wir zu ihrem Namenstag
  Dem guten Sophiechen schenken.

Drauf sprach die zweite Tante kühn:
  Ich schlage vor, wir entscheiden
Uns für ein Kleid in Erbsengrün,
  Das mag Sophiechen nicht leiden.

Der dritten Tante war das recht:
  Ja, sprach sie, mit gelben Ranken!
Ich weiß, sie ärgert sich nicht schlecht
  Und muß sich auch noch bedanken.

Johann Heinrich Voss
Frühlingslied eines gnädigen Fräuleins

Wie lange soll die Brunnenzeit
Der gnädgen Tante dauern?
Man muß in dieser Einsamkeit
Ja ganz und gar versauern!
Sie wird mit Einfalt und Natur
Mich noch zur Närrin schwatzen!
Was schiert mich Hain und Quell und Flur,
Und andre solche Fratzen!

Des Abends hört man nur Musik
Der Frösch' und Heimchen schallen,
Und das abscheuliche Gequiek
Der dummen Nachtigallen!
Von Mücken wird man dann gepurrt,
Und wälzet sich im Bette;
Der Haushahn kräht; der Hofhund knurrt,
Und bellt, und zerrt die Kette!

Und liegt man kaum im ersten Schlaf,
Da geht es an ein Tuten!
Da brüllt der Ochs, da blöckt das Schaf,
Da wiehern Hengst' und Stuten!
Dann poltert Tante vor der Tür,
Fängt heiser an zu krähen:
Auf, Fräulein, auf! du mußt mit mir
Der Sonne Aufgang sehen.

Da gibts nicht Kaffee oder Tee,
Noch Butterbrot mit Braten;
Ganz nüchtern und im Negligé
Muß man den Tau durchwaten.
Zwo Stunden wenigstens muß ich

Durch Dorn und Distel rennen,
Und von der Sonnenhitze mich
Zur Mohrin lassen brennen!

Und läutet man Glock zwölf zu Tisch,
So gibts nur Gras und Kräuter,
Nur saure Milch, ein Stückchen Fisch,
Ein Eichen, und so weiter.
Der Grobian von Sudelkoch
Weiß nichts von Leckerbißchen!
Zum Nachtisch kömmt aufs höchste noch
Ein Teller voll Radieschen! . . .

Und in der Kirche gar zu sein,
Das ist nun ganz abscheulich!
Der Pfaffe predigt so gemein!
Das Volk tut da so heilig!
Was macht man da mit Stoff und Uhr,
Mit Schmink' und Demantringen?
Hans Hagel glaubt, man sei da nur
Zum Beten und zum Singen!

Vermaledeites Einerlei,
Wirst du denn ewig dauern?
O laß mich, lieber böser Mai,
Zurück zu jenen Mauern!
Ach seht doch, in der blauen Fern,
Wie schön der Rauch sich hebet!
Du liebe Stadt voll junger Herrn!
Ach! wie das Herz mir bebet!

Joachim Ringelnatz
Die Ameisen

In Hamburg lebten zwei Ameisen,
Die wollten nach Australien reisen.
Bei Altona auf der Chaussee
Da taten ihnen die Beine weh,
Und da verzichteten sie weise
Dann auf den letzten Teil der Reise.

H. C. Artmann
wer in die hölle kommt

wer in die
hölle kommt
hat den hintern
im brodeltopf –
wer in den
himmel kommt
denkt sich
erleichtert:
na servus
da hab ich
wieder einmal
verdienterweise
glück gehabt . . .!
wie man sich
sesselt
so sitzt man . . .
wer nun
in die hölle
fährt
darf sich
einen kommoden
bratspieß
aussuchen . . .
wer aber in den
himmel steigt
hat eine auswahl
in schäferwölklein
zum draufhocken . . .
wie man also
daraus ersieht
ist nicht nur
im diesseits

sondern auch
im jenseits
alles
auf das wol-
oder übelergehen
unsrer hinterseite
abgestimmt . . .

Der Tod

Den Abschluß unserer Reihe bildet die Gruppe »Der Tod«. Wenn Liebe meist ein Anfang ist, so setzt der Tod eine für jeden unentrinnbare Grenze. Sterben müssen wir alle. Tod ist das Ende. Er kann vorweggenommen werden wie in unserem Gedicht von Rilke, er kann aber auch als Massenschicksal von rassisch Verfolgten, die vergast wurden, gedichtet werden wie bei Celan, oder, in freilich mehr verrätselter und ironisch grotesk verspielter Weise als vorweggenommenes »Weltende« wie in den Versen des expressionistischen Dichters van Hoddis, der allzu früh aus einer Heilanstalt unter dem Regime Hitlers deportiert wurde und für immer verschwand. Der Tod kann aber auch zum Klagegesang an der Leiche werden wie in den Versen Schillers, die nicht nur vom Tode, sondern ebenso von der Schönheit handeln und von der Paradoxie, daß auch das Schöne sterben muß und dennoch überdauert. Einem Dichter wie Claudius gelang es in einem knappen Vierzeiler, den Tod in seiner uns alle angehenden Endgültigkeit in eine dichterische Form zu bringen. Den Tod verdrängen zu wollen, ist nicht möglich. Das verrät auch das Gedicht von Malkowski, eines noch jungen Lyrikers unserer Gegenwart, der den Tod nur einmal nennt und sonst nur indirekt in bildhaften Zeichen von ihm spricht. Es waren ja die Lyriker und nicht nur die Philosophen und Theologen, die so viel vom Tod und seiner Zeichensprache gewußt haben.

Der Tod hat viele Gesichter; er kann ganz lyrisch-elegisch, fast versöhnlich erlebt werden wie von dem an Tuberkulose erkrankten jungen Dichter des Göttinger Hainbundes, Ludwig Hölty, – er kann sich auch indirekt in neu aufgenommenen, alten Märchenmotiven ankündigen wie bei Sarah Kirsch. Heinrich Heine, der schwer Erkrankte, hat sich lange Zeit bis zum Äußersten gegen ihn gewehrt, während Christoph Meckel, ein noch relativ junger Lyriker von heute, erneut die strenge Form des Sonetts aufgreift, um Distanz zu dem »Schinder« zu gewinnen und in die radikale physische Vernichtung einwilligen zu können, der er immer noch den Vorzug vor anderen fatalen Formen möglichen Weiterexistierens gibt.

Rainer Maria Rilke
Todes-Erfahrung

Wir wissen nichts von diesem Hingehn, das
nicht mit uns teilt. Wir haben keinen Grund,
Bewunderung und Liebe oder Haß
dem Tod zu zeigen, den ein Maskenmund

tragischer Klage wunderlich entstellt.
Noch ist die Welt voll Rollen, die wir spielen.
Solang wir sorgen, ob wir auch gefielen,
spielt auch der Tod, obwohl er nicht gefällt.

Doch als du gingst, da brach in diese Bühne
ein Streifen Wirklichkeit durch jenen Spalt
durch den du hingingst: Grün wirklicher Grüne,
wirklicher Sonnenschein, wirklicher Wald.

Wir spielen weiter. Bang und schwer Erlerntes
hersagend und Gebärden dann und wann
aufhebend; aber dein von uns entferntes,
aus unserm Stück entrücktes Dasein kann

uns manchmal überkommen, wie ein Wissen
von jener Wirklichkeit sich niedersenkend,
so daß wir eine Weile hingerissen
das Leben spielen, nicht an Beifall denkend.

Ludwig Hölty
Ihr Freunde hänget

Ihr Freunde hänget, wann ich gestorben bin,
Die kleine Harfe hinter dem Altar auf,
  Wo an der Wand die Todtenkränze
    Manches verstorbenen Mädchens schimmern.

Der Küster zeigt dann freundlich dem Reisenden
Die kleine Harfe, rauscht mit dem rothen Band,
  Das, an der Harfe festgeschlungen,
  Unter den goldenen Saiten flattert.

Rainer Malkowski
Wüßte ich einen

Dies ist ein Morgen
zu schön
um nicht an den Tod zu denken.
Die fabelhaft indirekte
Beleuchtung,
die Wolkenschollen
locker im Blau.

An einem Morgen wie diesem
fuhr ich durch Simmering;
sah Grabmal und Küchenkraut.
Sah die erbitterte Steinmetzfrau
staubwischen
auf den Schultern der Engel.

Wüßte ich einen –
ich gäb ihm meinen Tag
unbenutzt.

Paul Celan
Todesfuge

SCHWARZE Milch der Frühe wir trinken sie abends
wir trinken sie mittags und morgens wir trinken sie nachts
wir trinken und trinken
wir schaufeln ein Grab in den Lüften da liegt man nicht eng
Ein Mann wohnt im Haus der spielt mit den Schlangen der schreibt
der schreibt wenn es dunkelt nach Deutschland dein goldenes Haar Margarete
er schreibt es und tritt vor das Haus und es blitzen die Sterne er pfeift seine Rüden herbei
er pfeift seine Juden hervor läßt schaufeln ein Grab in der Erde
er befiehlt uns spielt auf nun zum Tanz

Schwarze Milch der Frühe wir trinken dich nachts
wir trinken dich morgens und mittags wir trinken dich abends
wir trinken und trinken
Ein Mann wohnt im Haus der spielt mit den Schlangen der schreibt
der schreibt wenn es dunkelt nach Deutschland dein goldenes Haar Margarete
Dein aschenes Haar Sulamith wir schaufeln ein Grab in den Lüften da liegt man nicht eng

Er ruft stecht tiefer ins Erdreich ihr einen ihr andern singet und spielt
er greift nach dem Eisen im Gurt er schwingts seine Augen sind blau
stecht tiefer die Spaten ihr einen ihr andern spielt weiter zum Tanz auf

Schwarze Milch der Frühe wir trinken dich nachts

wir trinken dich mittags und morgens wir trinken dich abends
wir trinken und trinken
ein Mann wohnt im Haus dein goldenes Haar Margarete
dein aschenes Haar Sulamith er spielt mit den Schlangen

Er ruft spielt süßer den Tod der Tod ist ein Meister aus Deutschland
er ruft streicht dunkler die Geigen dann steigt ihr als Rauch in die Luft
dann habt ihr ein Grab in den Wolken da liegt man nicht eng

Schwarze Milch der Frühe wir trinken dich nachts
wir trinken dich mittags der Tod ist ein Meister aus Deutschland
wir trinken dich abends und morgens wir trinken und trinken
der Tod ist ein Meister aus Deutschland sein Auge ist blau
er trifft dich mit bleierner Kugel er trifft dich genau
ein Mann wohnt im Haus dein goldenes Haar Margarete
er hetzt seine Rüden auf uns er schenkt uns ein Grab in der Luft
er spielt mit den Schlangen und träumet der Tod ist ein Meister aus Deutschland
dein goldenes Haar Margarete
dein aschenes Haar Sulamith

Detlev von Liliencron
Einer Toten

Ach, daß du lebtest!
                                        Tausend schwarze Krähen,
Die mich umflatterten auf allen Wegen,
Entflohen, wenn sich deine Tauben zeigten,
Die weißen Tauben deiner Fröhlichkeit.
Daß du noch lebtest!
                                        Schwer und kalt bedrängt
Die Erde deinen Sarg und hält dich fest.
Ich geh nicht hin, ich finde dich nicht mehr.
Und Wiedersehn?
                                        Was soll ein Wiedersehn,
Wenn wir zusammen Hosianna singen
Und ich dein Lachen nicht mehr hören kann?
Dein Lachen, deine Sprache, deinen Trost:

Der Tag ist heut so schön. Wo ist Chasseur?
Hol aus dem Schranke deinen Lefaucheux,
Und geh ins Feld, die Hühner halten noch.
Doch bieg nicht in das Buchenwäldchen ab,
Und leg dich nicht ins Moos und träume nicht.
Paß auf die Hühner und sei nicht zerstreut,
Blamier dich nicht vor deinem Hund, ich bitte.
Und alle Orgeldreher heut verwünsch ich,
Die mit verlornem Ton aus fernen Dörfern
Dir Träume senden – dann gibt's keine Hühner.
Und doch, die braune Heide liegt so still,
Dich rührt ihr Zauber, laß dich nur bestricken.

Wir essen heute Abend Erbsensuppe,
Und der Margaux hat schon die Zimmerwärme;
Bring also Hunger mit und gute Laune.
Dann liest du mir aus deinen Lieblingsdichtern.

Und willst du mehr, wir gehen an den Flügel
Und singen Schumann, Robert Franz und Brahms.
Die Geldgeschichten lassen wir heut ruhn.
Du lieber Himmel, deine Gläubiger
Sind keine Teufel, die dich braten können,
Und Alles wird sich machen.
Hier noch eins:
Ich tat dir guten Kognak in die Flasche.
Grüß Heide mir und Wald und all die Felder,
Die abseits liegen und vergiß die Schulden,
Ich seh inzwischen in der Küche nach,
Daß uns die Erbsensuppe nicht verbrennt.

Daß du noch lebtest!
Tausend schwarze Krähen,
Die mich umflatterten auf allen Wegen,
Entflohen, wenn sich deine Tauben zeigten,
Die weißen Tauben deiner Fröhlichkeit,
Ach, daß du lebtest!

Friedrich Schiller
Nänie

Auch das Schöne muß sterben! Das Menschen und Götter bezwinget,
Nicht die eherne Brust rührt es des stygischen Zeus.
Einmal nur erweichte die Liebe den Schattenbeherrscher,
Und an der Schwelle noch, streng, rief er zurück sein Geschenk.
Nicht stillt Aphrodite dem schönen Knaben die Wunde,
Die in den zierlichen Leib grausam der Eber geritzt.
Nicht errettet den göttlichen Held die unsterbliche Mutter,
Wann er, am skäischen Tor fallend, sein Schicksal erfüllt.
Aber sie steigt aus dem Meer mit allen Töchtern des Nereus,
Und die Klage hebt an um den verherrlichten Sohn.
Siehe! Da weinen die Götter, es weinen die Göttinnen alle,
Daß das Schöne vergeht, daß das Vollkommene stirbt.
Auch ein Klaglied zu sein im Mund der Geliebten, ist herrlich,
Denn das Gemeine geht klaglos zum Orkus hinab.

Sarah Kirsch
Schneelied

Um den Berg um den Berg
fliegen sieben Raben
das werden meine Brüder sein
die sich verwandelt haben

Sie waren so aufs Essen versessen
sie haben ihre Schwester vergessen
sie flogen die Goldkuh schlachten
ach wie sie lachten

Eh sie zur Sonne gekommen sind
waren sie blind

Mein Haus ich blas die Lichter aus
bevor ich schlafen geh
kann ich die schwarzen Federn sehn
im weißen gefrorenen Schnee

Jakob van Hoddis
Weltende

Dem Bürger fliegt vom spitzen Kopf der Hut,
In allen Lüften hallt es wie Geschrei.
Dachdecker stürzen ab und gehn entzwei,
Und an den Küsten – liest man – steigt die Flut.

Der Sturm ist da, die wilden Meere hupfen
An Land, um dicke Dämme zu zerdrücken.
Die meisten Menschen haben einen Schnupfen.
Die Eisenbahnen fallen von den Brücken.

Heinrich Heine
Epilog

Unser Grab erwärmt der Ruhm.
Thorenworte! Narrentum!
Eine bessre Wärme gibt
Eine Kuhmagd, die verliebt
Uns mit dicken Lippen küßt
Und beträchtlich riecht nach Mist!
Gleichfalls eine bessre Wärme
Wärmt dem Menschen die Gedärme,
Wenn er Glühwein trinkt und Punsch
Oder Grog nach Herzenswunsch
In den niedrigsten Spelunken,
Unter Dieben und Halunken,
Die dem Galgen sind entlaufen,
Aber leben, atmen, schnaufen,
Und beneidenswerter sind,
Als der Thetis großes Kind –
Der Pelide sprach mit Recht:
Leben wie der ärmste Knecht
In der Oberwelt ist besser,
Als am stygischen Gewässer
Schattenführer sein, ein Heros,
Den besungen selbst Homeros.

Christoph Meckel
Schinder

Schneeschwebe. Nacht. Mein Schinder ist zu Gast
und spricht, vor er mein Auge kommt zu brechen:
»Ich denke dran, daß du zu sterben hast
und will, was darauf folgt, mit dir besprechen.

Nochmals zu leben hab ich dir erlaubt
als ein Stück Vieh, ein Fleisch, ein tauber Knochen
mit Pavianschädel oder Walfischhaupt
das einst aus deinem Grabe kommt gekrochen –«

Schneeschwebe hör ich rauschen und muß wählen
bevor in meinem Auge fault das Licht
die Wälder und das Meer – entweder – oder –

Was soll ich dem Gewaltigen erzählen?
So oder so – die Götter seh ich nicht –
»Ich will nichts sein als meines Leibes Moder.«

Matthias Claudius
Der Tod

Ach, es ist so dunkel in des Todes Kammer,
 Tönt so traurig, wenn er sich bewegt
Und nun aufhebt seinen schweren Hammer
 Und die Stunde schlägt.

Quellennachweis

Günther Anders, Sprachelegie (1945) aus: Die Neue Rundschau, Jahrgang 1945/46, Bermann-Fischer Verlag Stockholm

H. C. Artmann, wer in die hölle kommt, aus: ein lilienweißer brief aus lincolnshire, Suhrkamp 1969

Wolfgang Bächler, Ausbrechen, aus: Ausbrechen. Gedichte aus 30 Jahren, S. Fischer 1976

Jürgen Becker, Gedicht, sehr früh, aus: Das Ende der Landschaftsmalerei, Suhrkamp 1974

Gottfried Benn, Ein Wort, aus: Statische Gedichte, Zürich 1948

Gottfried Benn, Bitte wo –, aus: Gesammelte Gedichte, Limes 1956

Wolf Biermann, Das Barlach-Lied, aus: Die Drahtharfe, Klaus Wagenbach 1965

Johannes Bobrowski, Wagenfahrt, aus: Sarmatische Zeit, Deutsche Verlags-Anstalt 1961

Johannes Bobrowski, Immer zu benennen, aus: Schattenland Ströme, Deutsche Verlags-Anstalt 1963

Ilona Bodden, Einsamkeit, aus: Erinnerung an einen Obelisken, Delp'sche Verlagsbuchhandlung 1974

Elisabeth Borchers, Utopischer Rat, aus: Gedichte, Suhrkamp 1976

Volker Braun, Letzter Aufenthalt auf Erden, aus: Die symmetrische Welt, Suhrkamp 1974

Bertolt Brecht, Auf einen chinesischen Theewurzellöwen, aus: Gesammelte Werke 10, Suhrkamp 1967

Bertolt Brecht, Als ich nachher von dir ging, aus: Gesammelte Werke 10, Suhrkamp 1967

Bertolt Brecht, An die Nachgeborenen, aus: Gesammelte Werke 9, Suhrkamp 1967

Bertolt Brecht, Aus einem Lesebuch für Städtebewohner, aus: Gesammelte Werke 8, Suhrkamp 1967

Clemens von Brentano, Der Spinnerin Lied, aus: Gesammelte Werke 1, Frankfurter Verlagsanstalt 1923

Gottfried August Bürger, An die Menschengesichter, aus: Gedichte. Neue vollständige Ausgabe. I. Theil. Wien und Prag bei Franz Haas 1811

Wilhelm Busch, Früher, da ich unerfahren, aus: Gesamtausgabe, 5.Bd., Verlag Braun und Schneider, München 1943

Wilhelm Busch, Die erste alte Tante sprach, aus: Gesamtausgabe, 5.Bd., Verlag Braun und Schneider, München 1943

Wilhelm Busch, Aus Anlaß des 75. Geburtstags 1907. Mein Lebenslauf: aus: Gesamtausgabe, 5. Bd., Verlag Braun und Schneider, München 1943

Paul Celan, Atemwende, aus: Gedichte 2, Suhrkamp 1975

Paul Celan, Todesfuge, aus: Gedichte 1, Suhrkamp 1975

Paul Celan, Stehen, aus: Gedichte 2, Suhrkamp 1975

Adelbert von Chamisso, Lebe wohl, aus: Werke, 1.Bd. Bibliographisches Institut, Leipzig o.J.

Matthias Claudius, Der Mensch, aus: Werke, 1.Bd., Utopia Verlag, Weimar 1924

Matthias Claudius, Kriegslied, aus: Werke, 1.Bd., Utopia Verlag, Weimar 1924

Matthias Claudius, Der Tod, aus: Werke, 2.Bd., Utopia-Verlag, Weimar 1924

Das bucklichte Männlein, aus: Des Knaben Wunderhorn, 3.Bd., Mohr und Zimmer, Heidelberg 1808. Neudruck F.W.Hendel Verlag, Meersburg 1928

Annette von Droste-Hülshoff, Der Dichter – Dichters Glück, aus: Sämtliche Werke, Carl Hanser Verlag, München 1952

Joseph von Eichendorff, Zwielicht, aus: Werke, 1.Bd., Deutsche Verlagsanstalt Bong o.J.

Hans Magnus Enzensberger, lebenslauf, aus: Landessprache, Gedichte, Suhrkamp 1960

Hans Magnus Enzensberger, kirschgarten im schnee, aus: Blindenschrift. Gedichte, Suhrkamp 1964

Theodor Fontane, Summa summarum, aus: Sämtliche Werke, 6.Bd. Nymphenburger Verlagsbuchhandlung, München 1964

Stefan George, Das Wort, aus: Werke, Küpper ^{2}1968

Stefan George, komm in den totgesagten park und schau, aus: Werke, Küpper ^{2}1968

Johann Wolfgang Goethe, Willkommen und Abschied, aus: Werke 1, Insel 1965

Johann Wolfgang Goethe, Urworte. Orphisch, aus: Werke 1, Insel 1965

Johann Wolfgang Goethe, Um Mitternacht, aus: Werke 1, Insel 1965

Johann Wolfgang Goethe, Über allen Gipfeln, aus: Werke 1, Insel 1965

Friedrich von Hardenberg (Novalis), Wenn nicht mehr Zahlen und Figuren, aus: Werke, 1. Bd., Bibliographisches Institut o. J.

Heinrich Heine, Die schlesischen Weber, aus: Werke 1, Insel 1968

Heinrich Heine, Die Wanderratten, aus: Werke 1, Insel 1968

Heinrich Heine, Epilog, aus: Werke 1, Insel 1968

Helmut Heißenbüttel, Möven und Tauben, aus: Textbuch 4, Walter 1964

Max Herrmann-Neiße, Litanei der Bitternis, aus: Ich gehe, wie ich kam. Gedichte, Carl Hanser Verlag 1979

Hermann Hesse, Stufen, aus: Gesammelte Werke 1, Suhrkamp 1970

Jakob van Hoddis, Weltende, aus: Gesammelte Dichtungen, Die Arche 1958

Friedrich Hölderlin, An die Parzen, aus: Sämtliche Werke, 1. Bd., Cotta, Stuttgart 1943

Friedrich Hölderlin, Lebenslauf, aus: Sämtliche Werke, 2. Bd., J. G. Cotta, Stuttgart 1951

Ludwig Hölty, Ihr Freunde hänget, aus: Sämtliche Werke, 1. Bd., Gesellschaft der Bibliophilen, Weimar 1914

Peter Huchel, Sibylle des Sommers, aus: Ausgewählte Gedichte, Suhrkamp 1973

Hill Renée Hügelmann, Dichter 1973, aus: Ortloser Ort, Gedichte. J. G. Bleschke Verlag 1980

Ernst Jandl, zertretener mann blues, aus: ernst jandl für alle, Luchterhand 1974

Erich Kästner, Sachliche Romanze, aus: Doktor Erich Kästners Lyrische Hausapotheke, Droemer/Atrium o.J.

Erich Kästner, Kurzgefaßter Lebenslauf, aus: Ein Mann gibt Auskunft, Droemer/Atrium o.J.

Georg Kaiser, Flehruf, aus: Werke, Band 4, Propyläen Verlag 1971

Marie Luise Kaschnitz, Die Gärten, aus: Gedichte, Suhrkamp 1975

Sarah Kirsch, Schneelied, aus: Gedichte, Aufbau-Verlag

Karin Kiwus, Im ersten Licht, aus: Von beiden Seiten der Gegenwart. Gedichte, Suhrkamp 1976

Heinrich von Kleist, Mädchenrätsel, aus: Werke, 7. Bd., Bibliographisches Institut, Leipzig o.J.

Karl Kraus, Nächtliche Stunde, aus: Worte in Versen, Werke. Herausgegeben von H. Fischer. Band 3: Beim Wort genommen. Kösel Verlag, München 1965^2. Mit freundlicher Genehmigung von Ben Fischer, London

Karl Krolow, Robinson I, aus: Gesammelte Gedichte, Suhrkamp 1965

Nikolaus Lenau, Einsamkeit, aus: Werke, 1.Bd., Bibliographisches Institut, Leipzig o.J.

Jakob Michael Reinhold Lenz, Ein Mädele jung, aus: Gesammelte Schriften, 1.Bd., Verlag Georg Müller, München und Leipzig o.J.

Gotthold Ephraim Lessing, Faustin, aus: Werke 1, Insel 1967

Detlev von Liliencron, Einer Toten, aus: Sämtliche Werke, 8.Bd., Verlag Schuster und Loeffler, Berlin und Leipzig o.J.

Rainer Malkowski, Wüßte ich einen, aus: Was für ein Morgen, Suhrkamp 1975

Christoph Meckel, Schinder, aus: Bei Lebzeiten zu singen, Klaus Wagenbach 1967

Ernst Meister, Vogelwolke, aus: Gesammelte Gedichte, Luchterhand 1964

Conrad Ferdinand Meyer, Schwarzschattende Kastanie, aus: Sämtliche Werke, 1. Bd., Benteli-Verlag, Bern 1963

Eduard Mörike, Der Jäger, aus: Sämtliche Werke, 1.Bd., Winkler Verlag, München 1967

Eduard Mörike, Gesang Weylas, aus: Sämtliche Werke, 1. Bd., Winkler Verlag, München 1967

Christian Morgenstern, Palmström, aus: Alle Galgenlieder, Insel 1947

Friedrich Nietzsche, Dichters Berufung, aus: Gesammelte Werke, 20. Bd., Dichtungen, Musarion Verlag, München 1927

Friedrich Nietzsche, Vereinsamt, aus: Gesammelte Werke, 20. Bd., Dichtungen, Musarion Verlag, München 1927

August von Platen, Sonett, aus: Sämtliche Werke, 3. Bd., Max Hesses Verlag, Leipzig o. J.

Rainer Maria Rilke, Frühling, aus: Sämtliche Werke 3, Insel 1975

Rainer Maria Rilke, Todes-Erfahrung, aus: Sämtliche Werke 2, Insel 1975

Joachim Ringelnatz, Die Ameisen, aus: Und auf einmal steht es neben dir, Henssel 1974

Friedrich Rückert, Amaryllis, aus: Ausgewählte Werke, 2. Bd., Reclam Verlag, Leipzig o. J.

Peter Rühmkorf, Hochseil, aus: Gesammelte Gedichte, Rowohlt 1976

Friedrich Schiller, Resignation. Eine Phantasie, aus: Sämtliche Werke, 3. Bd., Winkler Verlag, München 1968

Friedrich Schiller, Nänie, aus: Sämtliche Werke, 3. Bd., Winkler Verlag, München 1968

Georg Trakl, Trübsinn, aus: Die Dichtungen, Erste Gesamtausgabe, Kurt Wolff Verlag, Leipzig o. J.

Kurt Tucholsky, An das Baby, aus: Gesammelte Werke 3, Rowohlt 1960

Johann Heinrich Voß, Frühlingslied eines gnädigen Fräuleins, aus: Poetische Werke, Verlag Gustav Hempel, Berlin o. J.

Georg Weerth, Hungerlied, aus: Ausgewählte Werke, Insel 1966

Lebensdaten
(Die Namen sind alphabetisch geordnet.)

Anders, Günther
geb. 12. 7. 1902 in Breslau

Artmann, H. C.
geb. 12. 6. 1921 in Wien

Bächler, Wolfgang
geb. 22. 3. 1925 in Augsburg

Becker, Jürgen
geb. 10. 7. 1932 in Köln

Benn, Gottfried
geb. 2. 5. 1886 in Mansfeld
gest. 7. 7. 1956 in Berlin
Das Gedicht »Bitte Wo –« stammt aus Benns Spätzeit 1949–195

Biermann, Wolf
geb. 15. 11. 1938 in Hamburg

Bobrowski, Johannes
geb. 9. 4. 1917 in Tilsit
gest. 2. 9. 1965 in Berlin

Bodden, Ilona
geb. 8. 2. 1940 in Hildesheim

Borchers, Elisabeth
geb. 27. 2. 1926 in Homberg (Niederrhein)

Braun, Volker
geb. 7. 5. 1939 in Dresden

Brecht, Bertolt
geb. 10. 2. 1898 in Augsburg
gest. 14. 8. 1956 in Berlin

Brentano, Clemens
geb. 8. 9. 1778 in Ehrenbreitstein
gest. 28. 7. 1842 in Aschaffenburg

Bürger, Gottfried August
geb. 31. 12. 1747 in Molmerswende im Harz
gest. 8. 6. 1794 in Göttingen

Busch, Wilhelm
geb. 15. 4. 1832 in Wiedensahl
gest. 9. 1. 1908 in Mechtshausen

Celan, Paul
geb. 23. 11. 1920 in Czernowitz
gest. April 1970 in Paris

Chamisso, Adelbert von
geb. 30. 1. 1781 auf Schloß Boncourt (Champagne)
gest. 21. 8. 1838 in Berlin

Claudius, Matthias
geb. 15. 8. 1740 in Reinfeld
gest. 21. 1. 1815 in Hamburg

Droste-Hülshoff, Annette von
geb. 10. 1. 1797 auf Schloß Hülshoff bei Münster
gest. 24. 5. 1848 auf Schloß Meersburg am Bodensee

Eichendorff, Joseph von
geb. 10. 3. 1788 auf Schloß Lubowitz bei Ratibor
gest. 26. 11. 1857 in Neiße

Enzensberger, Hans Magnus
geb. 11. 11. 1929 in Kaufbeuren

Fontane, Theodor
geb. 30. 12. 1819 in Neuruppin
gest. 20. 9. 1898 in Berlin

George, Stefan
geb. 12. 7. 1868 in Rüdesheim
gest. 14. 12. 1933 in Locarno

Goethe, Johann Wolfgang
geb. 28. 8. 1749 in Frankfurt/Main
gest. 22. 3. 1832 in Weimar
»Willkommen und Abschied« wurde 1770 in Straßburg an Friederike Brion, die Pfarrerstochter in Sesenheim, gedichtet. »Ein Gleiches« schrieb Goethe am Abend des 6. September 1780 an die Bretterwand der Jagdhütte auf dem Gickelhahn bei Ilmenau. Der Titel bedeutet: Noch ein »Wandrers Nachtlied«. »Um Mitternacht« entstand im Februar 1818. Goethe nannte es sein »Lebenslied« und schrieb in den Annalen von 1818: »Ein wundersamer Zustand bei

hehrem Mondenschein brachte mir das Lied ›Um Mitternacht‹, welches mir desto lieber und werter ist, da ich nicht sagen könnte, woher es kam und wohin es wollte.« »Urworte. Orphisch«, ein Gedicht in Stanzen, sandte Goethe am 25. Mai 1818 an Boisserée und bezeichnete es als »Rekapitulation uralter konzentrierter Darstellung menschlichen Geschickes«. Im Jahre 1820 veröffentlichte Goethe selbst einen Kommentar, der in seiner Zeitschrift »Kunst und Altertum« erschien.

Hardenberg (Novalis), Friedrich von
geb. 2.5.1772 in Oberwiedenstedt/Grafschaft Mansfeld
gest. 25.3.1801 in Weißenfels

Heine, Heinrich
geb. 13.12.1797 in Düsseldorf
gest. 17.2.1856 in Paris
Das Gedicht »Die schlesischen Weber« entstand unter dem Eindruck des Weber-Aufstandes von 1844 und erschien zuerst als Flugblatt. Das Gedicht »Die Wanderratten« stammt aus Heines Spätzeit, es entstand 1855 und spiegelt seine Auseinandersetzung mit dem immer stärker anschwellenden Kommunismus.

Heißenbüttel, Helmut
geb. 21.6.1921 in Rüstringen bei Wilhelmshaven

Herrmann-Neiße, Max
geb. 23. 5. 1886 in Neiße
gest. 8. 4. 1941 in London

Hesse, Hermann
geb. 2.7.1877 in Calw
gest. 9.8.1962 in Montagnola bei Lugano

Hoddis, Jakob van
geb. 19.5.1887 in Berlin
30.4.1942 aus der Heilanstalt Sayn bei Koblenz deportiert

Hölderlin, Friedrich
geb. 20.3.1770 in Lauffen
gest. 7.6.1843 in Tübingen
Die Ode »Lebenslauf« ist im Sommer 1800 entstanden.

Hölty, Ludwig
geb. 21.12.1748 in Mariensee bei Hannover
gest. 1.9.1776 in Hannover

Huchel, Peter
geb. 3.4.1903 in Berlin

Hügelmann, Hill Renée
geb. 4. 9. 1913 in Hohenmölsen

Jandl, Ernst
geb. 1. 8. 1925 in Wien

Kästner, Erich
geb. 23. 2. 1899 in Dresden
gest. 29. 7. 1974 in München

Kaiser, Georg
geb. 25. 11. 1878 in Magdeburg
gest. 4. 6. 1945 in Ascona
Das Gedicht »Flehruf« entstand in Kaisers Spätzeit 1944

Kaschnitz, Marie Luise
geb. 31. 1. 1901 in Karlsruhe
gest. 10. 10. 1974 in Rom

Kirsch, Sarah
geb. 16. 4. 1935 in Limlingerode/Südharz

Kiwus, Karin
geb. 9. 11. 1942 in Berlin

Kleist, Heinrich von
geb. 18. 10. 1777 in Frankfurt/Oder
gest. 22. 11. 1811 bei Potsdam

Kraus, Karl
geb. 28. 4. 1874 in Gitschin
gest. 12. 6. 1936 in Wien

Krolow, Karl
geb. 11. 3. 1915 in Hannover

Lenau, Nikolaus
geb. 13. 8. 1802 in Czabad/Ungarn
gest. 22. 8. 1850 in Oberdöbling bei Wien

Lenz, Jakob Michael Reinhold
geb. 12. 1. 1751 in Seßwegen/Livland
gest. 24. 5. 1792 in Moskau

Lessing, Gotthold Ephraim
geb. 22. 1. 1729 in Kamenz
gest. 15. 2. 1781 in Braunschweig

Liliencron, Detlev von
geb. 3. 6. 1844 in Kiel
gest. 22. 7. 1909 in Alt-Rahlstedt bei Hamburg

Malkowski, Rainer
geb. 26. 12. 1939 in Berlin

Meckel, Christoph
geb. 12. 6. 1935 in Berlin

Meister, Ernst
geb. 3. 9. 1911 in Hagen-Haspe
gest. 15. 6. 1979 in Hagen

Meyer, Conrad Ferdinand
geb. 11. 10. 1825 in Zürich
gest. 28. 11. 1898 in Kilchberg

Mörike, Eduard
geb. 8. 9. 1804 in Ludwigsburg
gest. 4. 6. 1875 in Stuttgart

Morgenstern, Christian
geb. 6. 5. 1871 in München
gest. 31. 3. 1914 in Meran

Nietzsche, Friedrich
geb. 15. 10. 1844 in Röcken
gest. 25. 8. 1900 in Weimar

Platen, August von
geb. 24. 10. 1796 in Ansbach
gest. 5. 12. 1835 in Syrakus

Rilke, Rainer Maria
geb. 4. 12. 1875 in Prag
gest. 29. 12. 1926 in Valmont

Ringelnatz, Joachim
geb. 7. 8. 1883 in Wurzen
gest. 16. 11. 1934 in Berlin

Rückert, Friedrich
geb. 16. 5. 1788 in Schweinfurt
gest. 31. 1. 1866 in Neuses bei Coburg

Rühmkorf, Peter
geb. 25. 10. 1929 in Dortmund

Schiller, Friedrich
geb. 10. 11. 1759 in Marbach
gest. 9. 5. 1805 in Weimar
Das Gedicht »Resignation« erschien zuerst 1786 in der Zeitschrift »Thalia«, »Nänie«, der Klagegesang an der Leiche, gehört bereits Schillers klassischer Periode an, es wurde zuerst 1800 im ersten Band der Gedichte gedruckt.

Trakl, Georg
geb. 3. 2. 1887 in Salzburg
gest. 4. 11. 1914 in Krakau

Tucholsky, Kurt
geb. 9. 1. 1890 in Berlin
gest. durch Freitod 21. 12. 1935 in Hindås (Schweden)

Voß, Johann Heinrich
geb. 20. 2. 1751 in Sommersdorf bei Waren (Mecklenburg)
gest. 29. 3. 1826 in Heidelberg

Weerth, Georg
geb. 17. 2. 1822 in Detmold
gest. 30. 7. 1856 in Havanna

Inhalt
(alphabetisch)

Inhalt

Das Gedicht
im suhrkamp taschenbuch

The Best of H. C. Artmann. 1975. Band 275

H. C. Artmann, ein lilienweißer brief aus lincolnshire. gedichte aus 21 jahren. 1978. Band 498

Horst Bingel, Lied für Zement. Mit einem Nachwort von Karl Krolow. 1975. Band 287.

Volker Braun, Gedichte. 1979. Band 499

Bertolt Brecht, Gedichte. Ausgewählt von Autoren. Mit einem Geleitwort von Ernst Bloch. 1975. Band 251

Hermann Broch, Gedichte. Kommentierte Werkausgabe Band 8. Herausgegeben von Paul Michael Lützeler. 1980. Band 572

Paul Celan, Mohn und Gedächtnis. 1975. Band 231

Paul Celan, Von Schwelle zu Schwelle. 1976. Band 301

Paul Celan, Ausgewählte Gedichte. Zwei Reden. Nachwort von Beda Allemann. 1980. Band 604

Hans Magnus Enzensberger, Gedichte 1955–1970. 1971. Band 4

Peter Handke, Als das Wünschen noch geholfen hat. Mit Abbildungen. 1974. Band 208

Hermann Hesse, Die Gedichte. 1977. 2 Bde. Band 381

G. F. Jonke, Im Inland und im Ausland auch. Prosa, Gedichte, Hörspiel, Theaterstück. 1974. Band 156

Karl Krolow, Ein Gedicht entsteht. Selbstdeutungen, Interpretationen, Aufsätze. 1973. Band 95

Das Buch der Nelly Sachs. Herausgegeben von Bengt Holmqvist. 1977. Band 398

st 564 Jorge Semprun
Der zweite Tod des Ramón Mercader
Roman
Aus dem Französischen von Gundl Steinmetz
392 Seiten
Diese Spionagegeschichte dient dazu, die politische Gegenwart aus der inneren Perspektive von Menschen vorzuführen, für die Existieren und politisches Engagement gleichbedeutend sind.
»Man kommt von der Lektüre nicht los. Denn Sempruns Erzählweise, die Leuchtkraft und Treffsicherheit seiner bildstarken Sprache überzeugen und reißen jeden Leser bis zum dramatischen Ende der Geschichte mit.«
Peter Jokostra

st 565 Dorothea Zeemann
Einübung in Katastrophen
Leben von 1913–1945
168 Seiten
»Vom Widerstand als Begriff oder Kategorie, von Schuld und Gewissen mag ich nicht reden. Es ging bei uns um die Praxis des Überlebens ... Das Problem war: Überleben – und neugierig war ich auch. Neugierig bin ich noch immer auf das, was ich erlebt habe, denn ich weiß noch immer nicht, wie es zuging: Das ist es, was mich zum Schreiben zwingt.«

st 566 Wolfgang Utschick
Die Veränderung der Sehnsucht
Erzählung
168 Seiten
Die Geschichte eines in der Nachkriegszeit Aufgewachsenen wird zur Biographie einer Generation, die seit den studentischen Unruhen dem patriarchalischen Alptraum zu entkommen versucht. Utschick ist in dem Kampf um die Wahrnehmung anderer Welten und um die Rettung der eigenen die Phantasie nicht ausgegangen. Diesen Kampf, von dem *Die Veränderung der Sehnsucht* in einer schönen Verbindung von Eigensinn und Einsicht erzählt, lesend zu verfolgen, macht Spaß – und Mut.

st 567 Karin Struck
Lieben
Roman
452 Seiten
Dies ist ein Buch über die Liebe und ihre Nähe zum Tod – ein Bericht über erotische Erfahrungen von Menschen und ein Roman der Entwicklung einer Frau im dreißigsten Jahr.
»... ein Psychogramm gegenwärtiger Umbrüche im Selbstverständnis der Frauen – ein Psychogramm der rebellischen Unruhe. Deshalb wird sich *Lieben* vielleicht in absehbarer Zeit schon wie ein Dokument für den weiblichen Aufbruch der siebziger Jahre lesen lassen.«
Beatrice von Matt, Neue Zürcher Zeitung

st 568 Bernard von Brentano
Berliner Novellen
Mit Illustrationen nach Linolschnitten von Clément Moreau
96 Seiten
In dieser 1934 erstmals erschienenen Sammlung erzählt der Autor die Geschichte des sechsjährigen Rudi, eines angeblichen Attentäters, er erzählt die Geschichte eines außerordentlichen Mädchens (»Von der Armut der reichen Leute«), eines Straßenmusikanten (»Der Mann ohne Ausweis«). Er sieht Zusammenhänge dort, wo Zeitungen Berichte bieten. Arbeiter, Arbeiterinnen, Bettler treten auf, aber auch das Berlin der Bankhäuser und des Geldes. Klaus Michael Grüber entdeckte die Novelle »Rudi« für eine Inszenierung durch die *Schaubühne am Halleschen Ufer* im Berliner *Hotel Esplanade.*

st 569
Der große Charlie
Eine Biographie des Clowns
von Robert Payne
Deutsch von Jakob Moneta und Werner Koch
Mit einem Nachwort von Werner Koch
276 Seiten
Woher kommt der Clown? Wohin geht er? Was bedeutet seine Maske? Welche Räume hat er durchstreift, um auf die Erde zu kommen? »Clown sein«, sagt Chaplin, »ist eine Sache, über die man verzweifeln kann.«
»Dieses Buch gehört zu den besten, die bisher über Charlie Chaplin geschrieben wurden.«
Saturday Review of Literature

st 570 Stanisław Lem
Der Schnupfen
Kriminalroman
Autorisierte Übersetzung aus dem Polnischen von Klaus Staemmler
Phantastische Bibliothek Band 33
202 Seiten
Eine Serie von mysteriösen Todesfällen beschäftigt die italienische Polizei. In einem süditalienischen Badeort verschwinden oder sterben fast ein Dutzend Kurgäste. Sie alle sind Ausländer, es sind ausnahmslos Männer mittleren Alters. Den Verdacht auf Selbstmord muß man nach genauem Aktenstudium und Befragen der Angehörigen in den meisten Fällen ausklammern. Und was soll man davon halten, wenn ein ehemaliger Champion im Crawlen im seichten Strandgewässer ertrinkt?

st 571 ›Quarber Merkur‹
Aufsätze zur Science-fiction und Phantastischen Literatur
Herausgegeben von Franz Rottensteiner
Phantastische Bibliothek Band 34
262 Seiten
Aus dem ›Quarber Merkur‹, einer der unbekanntesten wie einflußreichsten Amateurzeitschriften zur Science-fiction, werden hier die interessantesten Artikel vorgestellt. Neben literaturtheoretischen Abhandlungen und Übersichten stehen Einzeldarstellungen zu wichtigen Autoren der utopisch-phantastischen Literatur wie George Orwell, Jean Ray, Stanisław Lem u. a. Einige der scharfsinnigsten Aufsätze von Stanisław Lem, wie z. B. »Roboter in der Science-fiction«, sind ebenfalls in dem Band enthalten.

st 572 Hermann Broch
Gedichte
Kommentierte Werkausgabe, herausgegeben von Paul Michael Lützeler
Band 8
232 Seiten
»Die Motive der menschlichen Aufrüttelung, Verwandlung und Läuterung durch den lebenbegleitenden Tod sind kennzeichnend für Brochs lyrische Dichtung. Die Spannweite der Formen reicht dabei vom karikaturistischen Couplet bis zur gehobenen Elegie.« *Erich von Kahler*

st 574 Materialien zu Rainer Maria Rilkes
›Duineser Elegien‹
Herausgegeben von Ulrich Fülleborn und Manfred Engel
Erster Band: Selbstzeugnisse
416 Seiten
Dieser Teil einer dreibändigen Materialsammlung zu den *Duineser Elegien* belegt umfassend die krisenreiche äußere und innere Entstehungsgeschichte von Rilkes lyrischem Hauptwerk und enthält alle Selbstdeutungen des Dichters. Die folgenden beiden Bände der *Materialien* werden die allgemeine und wissenschaftliche Rezeption der *Duineser Elegien* bis zur Gegenwart dokumentieren.

st 575 Christiane Rochefort
Eine Rose für Morrison
Roman
Aus dem Französischen von Eugen Helmlé
230 Seiten
Eine Rose für Morrison – das heißt nichts anderes als eine Huldigung für Norman Morrison, der sich aus Protest gegen den Krieg in Vietnam vor dem Pentagon in Washington verbrannte. Der Roman handelt vom Aufstand der Jugend gegen eine Welt, die das Falsche, das Gemeine, das Verbrecherische von ihr verlangt.
»Das Buch stellt einen imponierenden Versuch dar, die Materialien der Zeitstimmung in den Roman einzubringen. Und zugleich plädiert er für das elementare Recht des Jungen, des Neuen, des Kommenden, sich zu verwirklichen.« *Heinrich Vormweg*

st 576 Felix Philipp Ingold
Literatur und Aviatik
Europäische Flugdichtung 1909–1927
Mit einem Exkurs über die Flugidee in der modernen Malerei und Architektur
Mit zahlreichen Abbildungen
510 Seiten
Der vorliegende Band will für den Zeitraum, der durch Blériots Kanalüberquerung und Lindberghs Ozeanflug markiert ist, die Wechselbeziehungen zwischen den »zwei Kulturen«, zwischen den »geistigen« und den »praktischen Erneuerern« (Musil) aufzeigen, belegen und deuten.
»Anordnung und Präsentation des Stoffes sind in ebenso geschickter wie überzeugender Weise bewerkstelligt. Der

Autor ist zu seinem Werk zu beglückwünschen, das vom Thema her als völlig neu gelten darf und dessen Materialfülle immens ist.« *Robert Minder*

st 577 Fritz Rudolf Fries
Das nackte Mädchen auf der Straße
Erzählungen
186 Seiten
Der Band versammelt eine Auswahl der besten Erzählungen von Fritz Rudolf Fries aus den fünfzehn Jahren, von 1959 bis 1974. »Die Geschichten dieses ungewöhnlich phantasiebegabten, an Jean Paul und Marcel Proust geschulten Autors sind nachträgliche Entfaltungen kleiner, im allgemeinen Getriebe kaum oder gar nicht beachteter Begebenheiten, in denen wie in jedem Menschen ein Kern von Unverwechselbarkeit steckt. Jede dieser Geschichten hebt einen solchen ungeschliffenen Diamanten und bringt ihn, geschliffen, zum Glänzen ans Licht.«
Gisela Lindemann, Norddeutscher Rundfunk

st 578 E. Y. Meyer
Die Rückfahrt
Roman
428 Seiten
»E. Y. Meyers Roman *Die Rückfahrt* ist ein Werk von außerordentlicher Gedankenfülle und Gedankendichte, eines der wenigen Bücher der Gegenwartsliteratur, die man zwei- und dreimal wird lesen wollen.«
Aargauer Tagblatt

st 579 Arthur Koestler
Die Nachtwandler
Die Entstehungsgeschichte unserer Welterkenntnis
Einzig berechtigte Übertragung aus dem Englischen von Wilhelm Michael Treichlinger
Deutsche Fassung vom Autor überarbeitet und genehmigt
560 Seiten
In dieser Darstellung der Geschichte der Astronomie entwickelt Koestler ein Bild der sich im Laufe der Jahrhunderte wandelnden Anschauungen des Menschen vom Weltall und vermittelt gleichzeitig einen Überblick über die Geschichte des menschlichen Denkens schlechthin. Damit wird ein Thema von größter Aktualität aufgegriffen, nämlich die Suche nach den Ursachen des geistigen Dilemmas unserer Zeit, wie es sich in dem immer ausgepräg-

teren Antagonismus zwischen wissenschaftlichem und philosophischem Denken manifestiert.

st 580 Hans Eppendorfer
Der Ledermann spricht mit Hubert Fichte
Nachwort von Herbert Jäger
224 Seiten
Als Hubert Fichte Hans Eppendorfer das erste Mal traf, war Eppendorfer gerade aus dem Gefängnis entlassen. Mit 17 Jahren hatte er eine Frau umgebracht. Warum? Jahre, nachdem Eppendorfer das Gefängnis verlassen hat, spricht Fichte erneut mit ihm.
»Ohne den unerschrockenen Versuch, in das große Dunkelfeld der Erkenntnis menschlicher Grausamkeit, ihrer Ursachen und Erscheinungsformen, hineinzuleuchten, wird es kaum möglich sein, mit Aggressivität differenziert umgehen zu lernen und Grausamkeit wirklich einzudämmen.« *Herbert Jäger in seinem Nachwort*

st 581 Alexander Trocchi
Die Kinder Kains
Aus dem Englischen übersetzt von Wulf Teichmann
232 Seiten
Das Buch von Joe, dem Junkie, der auf einem Schleppkahn im New Yorker Hafen lebt, dessen Welt sich bevölkert mit all denen, die die Gesellschaft exiliert hat. Einzige Verbindung zur »Gesellschaft« ist die Polizei. *Die Kinder Kains* ist neben *The Naked Lunch* von William Burroughs das bedeutendste Zeugnis der jüngeren amerikanischen Rauschgiftliteratur.

st 583 Jörg Steiner
Ein Messer für den ehrlichen Finder
Roman
196 Seiten
José Claude Ledermann – genannt Schose – sucht früh den Ausweg aus den häuslichen Verhältnissen. Er möchte Radfahrer werden, aber ein Unfall macht die Hoffnungen zunichte. Aus dem Krankenhaus entlassen, muß er erleben, daß ein Schulkamerad sein Rad verkauft hat. Schose sticht ihn mit dem Taschenmesser nieder und muß für Jahre in die Erziehungsanstalt. Nach seiner Entlassung findet er Arbeit auf einem Frachtkahn. Aber es bleibt ungewiß, ob es ihm gelingt, endlich Fuß zu fassen.

st 584 Manuel Scorza
Trommelwirbel für Rancas
Eine Ballade
Aus dem Spanischen von Wilhelm Plackmeyer
276 Seiten
Eine Ballade, die von der Macht der Mächtigen und der Ohnmacht der Armen in Peru erzählt. Scorca führt den Leser in die grausigen Verhältnisse ein, in die in den Zentral-Anden gelegenen Dörfer, die auf keiner Karte verzeichnet sind, es sei denn auf denen der Militäreinheiten, die im Sinne ihrer Befehlshaber das Elend bestimmten und schließlich die Dörfer auslöschten um eines Reingewinns willen.

st 585 Herbert W. Franke
Zone Null
Roman
Phantastische Bibliothek Band 35
190 Seiten
Stellen Sie sich vor: Zwei Supermächte haben sich nach einem atomaren Konflikt in völlige Isolation zurückgezogen. Nach Jahrhunderten bricht eine Expedition auf, stößt durch das verseuchte Niemandsland – die Zone Null – in das Gebiet des ehemaligen Gegners vor. Die fremdartige Umwelt übt auf die Expeditionsteilnehmer eine seltsame Faszination aus. Es gibt keine Brücke mehr zueinander für die beiden Kulturen, es sei denn um den Preis der Selbstaufgabe.

st 587 Dieter Kühn
Josephine
Aus der öffentlichen Biographie der Josephine Baker
Mit Abbildungen
164 Seiten
»Über das ›schwarze Idol‹ Josephine Baker entstand mit Kühns straffer und kluger Sprache ein Porträt, dessen eindeutig abenteuerliche Züge nicht der leisen Tragik entbehren. Kühn läßt die ›öffentliche Biographie‹ dieses Erfolgsgirls und die kritischen Fragen im Zusammenhang damit ein formal und stilistisch raffiniertes Mosaik werden. Der Leser wird keinen Augenblick aus dieser vergnüglich-ernsten Spannung entlassen.« *Imprint*

st 588 José Maria Arguedas
Die tiefen Flüsse
Roman
Aus dem Spanischen übertragen von Susanne Heintz
296 Seiten
»Der Erzähler Ernesto, ein Sohn von Weißen, ist unter Indios aufgewachsen und später in die Welt der Weißen zurückgekehrt. Er paßt sich nicht an, bleibt Einzelgänger und evoziert so die tragische Opposition zweier Welten, die sich nicht kennen, ablehnen und nicht einmal in seiner eigenen Person schmerzlos miteinander leben können.«

Mario Vargas Llosa

st 589 Basis. Jahrbuch für deutsche Gegenwartsliteratur
Band 10
Herausgegeben von Reinhold Grimm und Jost Hermand
272 Seiten
Mit Beiträgen von Jost Hermand, Horst Denkler, Helga Geyer-Ryan, Wolfram Malte Fues, Dieter Kafitz, Frank Trommler, Ulrich Profitlich, Ralf Schnell, Peter Uwe Hohendahl, u. a. Ohne methodisch festgelegt zu sein, sucht *Basis* eine Literaturbetrachtung zu fördern, die an der materialistischen Grundlage orientiert ist.

st 590 Reinhold Schneider
Die Hohenzollern
Tragik und Königtum
Herausgegeben mit einem Nachwort von
Wolfgang Frühwald
Mit Abbildungen
304 Seiten
Es geht in diesem Buch nicht um den Anspruch der Hohenzollern, sondern um einen unbezweifelbaren Auftrag an ein Geschlecht, eine Landschaft, eine Zeit. Anliegen dieses Buches ist: Ehrfurcht vor der Geschichte, dem Gewesenen überhaupt.

st 591 Milan Kundera
Abschiedswalzer
Roman
Aus dem Tschechischen von Franz Peter Künzel
248 Seiten

Der Blick fällt auf ein Badestädtchen, dessen Reichtum die Quellen sind, die Frauen von Unfruchtbarkeit heilen. Ružena ist das Mißgeschick passiert, das für die übrigen Kurgäste das langersehnte Glück wäre: sie ist schwanger. Figuren verschlingen sich, Paare lösen sich auf und gehen neue, unerwartete Verbindungen ein.

»*Abschiedswalzer* ist nichts anderes als eine brillante Prosakomödie, eine Mischung aus Feydeau und Schnitzlerschem *Reigen,* von satirischer Groteske und ideologiekritischer Scharfsichtigkeit.«

Der Tagesspiegel, Berlin

st 593 Zehn Gebote für Erwachsene
Texte für den Umgang mit Kindern
Zusammengestellt und mit einem Nachwort versehen von Leonhard Froese
224 Seiten
Diese Sammlung geht von zehn Postulaten aus, die der Herausgeber zum *Internationalen Jahr des Kindes* der Öffentlichkeit übergeben hat. Sie ordnet diesen Postulaten bedeutende Aussagen namhafter Autoren und Schriften der Antike, des Mittelalters und der Neuzeit zu. Dabei fällt auf, daß Äußerungen weit auseinanderliegender Zeiten und Räume häufig nicht nur dem Wortsinn, sondern gelegentlich auch der Aussageform nach übereinstimmen.

st 594 Jan Józef Szczepański
Vor dem unbekannten Tribunal
Fünf Essays
Aus dem Polnischen übersetzt und erläutert
von Klaus Staemmler
160 Seiten
»... was ich jetzt schreibe, ist ein weiterer Versuch, das Schweigen zu durchbrechen, in das uns unsere kleingläubige Schwäche versetzt hat.« Dieses Zitat aus Szczepańskis »Brief an Julian Stryjkowski« könnte als Motto über den fünf Essays stehen, die dieser Band versammelt. Das Schweigen (aus Feigheit oder Dummheit) läßt Unrecht und Unmenschlichkeit zu. Jede Stimme, die es zu durchbrechen sucht, ist ein nicht zu überhörender Appell und ein Nachweis der Humanität.

st 595 Ödön von Horváth
Geschichten aus dem Wiener Wald
Ein Film von Maximilian Schell
Mit zahlreichen Abbildungen
160 Seiten
Zur Uraufführung des Maximilian-Schell-Films »Geschichten aus dem Wiener Wald« nach dem Volksstück von Ödön von Horváth liegt dieser Band mit dem Drehbuch von Christopher Hampton und Maximilian Schell und zahlreichen Fotos des 1978 in Wien und Umgebung entstandenen Films vor, der den Entstehungsprozeß des Films dokumentiert.

st 596 Hans-Georg Gadamer, Jürgen Habermas
Das Erbe Hegels
Zwei Reden aus Anlaß des Hegel-Preises
104 Seiten
»Niemand sollte für sich in Anspruch nehmen, ausmessen zu wollen, was alles in der großen Erbschaft des Hegelschen Denkens auf uns gekommen ist. Es muß einem jeden genügen, selber Erbe zu sein und sich Rechenschaft zu geben, was er aus dieser Erbschaft angenommen hat.«
Hans-Georg Gadamer

st 597 Wilhelm Korff
Kernenergie und Moraltheologie
Der Beitrag der theologischen Ethik zur Frage
allgemeiner Kriterien ethischer Entscheidungsprozesse
104 Seiten
Die vorliegende Studie ist einer konkreten Herausforderung entsprungen. Im Entscheidungskonflikt um das Projekt eines Kernkraftwerks in Wyhl/Oberrhein wurde der theologische Ethiker um eine Stellungnahme angegangen. Da die gegenwärtige ethische Theorie wenig Strategien hinlänglicher Leistungsfähigkeit bereitstellt, wandte sich der Verfasser den tradierten Modellen zu, um ihnen mögliche Gesichtspunkte abzugewinnen.

st 628 Georg W. Alsheimer
Eine Reise nach Vietnam
224 Seiten
Alsheimer kehrt in seine »Wahlheimat« zurück. Die Narben des amerikanischen Alptraums sind noch allgegen-

wärtig. So gerät die Konfrontation des Damals mit dem Heute zunächst zu einem Verfolgungswahn. Erst als er durch das Vertrauen seiner Freunde das Damals mit dem Heute verknüpfen kann, verwandeln sich in dieser Krise seines politischen Credos die gläubigen Visionen in einen gemäßigten, kritischen Optimismus. Den Prozeß, der zu dieser Einsicht führte, protokolliert Alsheimer in diesem Reisetagebuch. Alsheimers *Vietnamesische Lehrjahre* liegen als st 73 vor.

st 629 Wie der Teufel den Professor holte
Science-fiction-Erzählungen aus POLARIS 1
Phantastische Bibliothek Band 37
132 Seiten
Der Band enthält Erzählungen von Stanisław Lem, Gérard Klein, Kurd Laßwitz, Fitz-James O'Brien, Vladimir Colin.

st 630 Das Mädchen am Abhang
Science-fiction-Erzählungen aus POLARIS 2
Phantastische Bibliothek Band 38
178 Seiten
Der Band enthält Erzählungen von Wadim Schefner, Sewer Gansowski, Arkadi und Boris Strugatzki, Ilja Warschawski.

st 631 Der Weltraumfriseur
Science-fiction-Erzählungen aus POLARIS 3
Phantastische Bibliothek Band 39
144 Seiten
Der Band enthält Erzählungen von Josef Nesvadba, Gerd Ulrich Weise, Sven Christer Swahn, Vladimir Colin, Frigyes Karinthy.

st 632 Die Büßerinnen aus dem Gnadenkloster
Phantastische Erzählungen aus PHAÏCON 2
Herausgegeben und mit einem Vorwort von
Rein A. Zondergeld
Phantastische Bibliothek Band 40
122 Seiten
Der Band enthält Erzählungen von Joseph Sheridan Le Fanu, Erckmann-Chatrian, Jean-Louis Bouquet, Julio Cortázar, Manfred Wirth, Jörg Krichbaum.

Alphabetisches Gesamtverzeichnis der suhrkamp taschenbücher